영작 초보자를 위한 '한 달 완성 기적의 영작법'

저절로 써지는 영어 에세이

초판인쇄 2017년 11월 30일
초판발행 2017년 11월 30일

지은이 이승훈
펴낸이 채종준
기 획 이아연
편 집 김다미
디자인 홍은표
마케팅 송대호

펴낸곳 한국학술정보(주)
주 소 경기도 파주시 회동길 230(문발동)
전 화 031-908-3181(대표)
팩 스 031-908-3189
홈페이지 http://ebook.kstudy.com
E-mail 출판사업부 publish@kstudy.com
등 록 제일산-115호(2000. 6. 19)

ISBN 978-89-268-8182-8 03740

영작 초보자를 위한
'한 달 완성 기적의 영작법'

저절로
써지는

이승훈 지음

영어 에세이
English Essay

이담
Books

글은 그리움을 긁는 행위다. 그리움이 강할수록 그 사무치는 감정이 글에 반영된다. 우리는 살아가면서 어떤 무언가 또는 누군가에 대한 사무치는 사연을 가지고 살아간다. 글이란 작가의 사무치는 사연이 마치 실타래가 풀리듯 흘러나오는 창작의 결과라 할 수 있다. 서사의 슬픈 사연은 아픔을 딛고 독자에게 기쁨으로 달려간다. 저자의 아픈 사연은 시련을 딛고 역경을 뒤집으며 경력을 만든 스토리가 되고 결국 글로 재탄생하는 것이다.

사람과 사물에 대한 사연은 그 사람의 상상력을 결정한다. 작가의 상상력은 독자의 상상력을 만나 공감대를 형성하고 심금을 울리는 감동으로 다가온다. 독자를 감동시키는 글의 원료는 사연이지만 독자를 행동하게 만드는 글은 저자의 풍부한 어휘력과 이를 조합해내는 글쓰기 능력에 달려 있다.

말은 휘발성이 강해 임팩트가 있어도 오랫동안 기억에 남지 않는다. 기억을 잡아 놓으려면 글로 표현해놓아야 한다. 평소 제자들에게 이빨은 썩지만 글발은 썩지 않는다고 강조한다. 학자는 말발이 아니라 오로지 글발로 승부하는 필살기를 지녀야 한다고 설파한다. 글은 단순히 생각을 표현하는 수단이 아니다. 글은 글을 쓰는 사람의 논리적 분석력과 창의적 사고력을 표현하는 대표적인 창작의 도구이자 촉진제다. 누구도 흉내 낼 수 없는 자신만의 창작 스타일을 개발하기 위해서는 무엇보다도 자신의 느낌과 생각을 글로 절묘하게 구성해내는 능력이 중요하다. 같은 이야기더라도 글로 쓰면 그 쓰임이 달라진다. 앞으로 쓰지 않으면 쓰러지는 세상이 올 것이다.

자신의 주장을 논리정연하면서도 독자의 심금을 울리는 글로 써야하는 것은 물론 국제화 시대가 도래하면서 이를 영어로 표현할 줄 아는 능력까지 요구되고 있다. 이제 영어라는 새로운 경쟁 무기까지 갖춰야 하는 것이다. 우리말로 글

쓰는 것도 힘들지만 모국어가 영어가 아닌 이상 대다수 사람에게 영작은 더없이 힘겨운 난제일 것이다. 그럼에도 불구하고 영어로 자신을 논리적이고 정교하게 잘 표현하는 사람은 물론이거니와 감성에 호소하여 설득하기까지 하는 감동적인 글쓰기를 구사하는 사람도 있다. 그들은 어떻게 그런 능력을 습득했을까. 그 비법을 알고 싶은 사람에게 이 책은 가뭄의 단비가 될 것이다. 이 책은 저자 자신의 살아 숨 쉬는 체험적 노하우를 담아 누구나 쉽게 영어 작문에 적용할 수 있게 하였다. 이 책은 우후죽순처럼 쏟아져 나오는 다른 영어 작문 책과는 판이하다. 이 책에 담긴 저자의 살아있는 체험을 따른다면 제대로 그리고 저절로 글이 써지는 신비한 마법을 경험할 수 있을 것이다.

이 책의 추천사를 쓰기 위해 글을 전반적으로 검토해보았다. 유학 생활 초기에 영어로 글쓰는 일이 얼마나 고통스러웠는지 스스로 체험해 본 사람으로서 '이런 책을 진작 만났더라면 얼마나 좋았을까' 하는 생각이 들 정도였다. 이 책은 영어로 글을 쓰고자 하는 모든 사람에게 참고서로 활용될 수 있을 뿐만 아니라 유형별로 일목요연하게 정리된 실전 메뉴얼로도 손색없다. 자신만의 독창적인 스타일로 영어 글쓰기를 시도하고 싶은 모든 사람에게 이 책은 일독하고 버릴 참고서가 아니라 언제나 곁에 두고 중독되어야 할 필독서가 아닐 수 없다.

지식생태학자, 한양대 교수

유영만

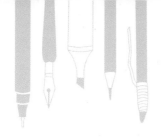

왜 영어 에세이인가?

잘 쓰인 글이 미치는 영향

'말을 잘하는 사람'은 조리 있고 논리적으로 말하며 때로는 재치있게 자기 생각을 표현할 줄 아는 사람이다. 이런 사람들은 똑똑하다는 이미지를 줄 수는 있지만 지나친 표현이나 과도한 표현·말투 등으로 자칫 '가벼운 사람'으로 여겨지기도 한다. 하지만 '글을 잘 쓰는 사람', '창의적인 작가'는 그 글을 읽는 사람의 존경심과 신뢰도를 얻는다. 그들의 글은 오랫동안 기억에 남으며 다시 읽힌다. 사람들은 그것을 되새기며 자신의 방식으로 이해하고 합리화해 자기 것으로 만든다. 이것을 '생각의 소화Digestion of Thought' 과정이라고 한다. 이러한 과정을 거치며 글은 말보다 더 큰 파급력을 갖게 된다. 나아가 '한 권의 책이 인생을 변화시킨다'라는 말이 있듯이 한 사람의 인생에 영향을 끼치기도 한다.

사람들은 좋은 글을 읽을 때 마치 누군가가 자신을 위해 차근차근 말하는 것 같은 '사고의 일치감'을 느끼곤 한다. 나아가 마치 책이 나의 고민을 상담해주고 그 해답을 주는 것같이 느껴지기도 한다. 이러한 글들은 독자의 기억 속에 오랫동안 그리고 뚜렷하게 남게 된다. 이처럼 좋은 글이 가져오는 긍정적인 결과를 기억하면서 영어로 좋은 글을 쓸 수 있게 된다면 어떤 효과가 추가로 발생하는지 알아보자.

영작만 잘해도 인생이 바뀐다

만약 내가 만국 공용어인 영어로 글을 써서 자유롭게 생각을 표현할 수 있게 된다면 어떤 결과가 발생할까. 자유자재로 영작할 수 있게 되면 영어로 창의적인 표현을 하거나 아이디어를 피력할 수 있게 된다. 나아가 나의 글을 읽는 독자층이 전 세계 사람이라는 어마어마한 영역으로 확대된다. 이러한 점만 보더라도 우리가 왜 영작을 배워야 하는지 충분한 이유가 될 것이다.

학생이나 구직자들의 경우 영작이 능숙해지면 입학 시험, 학교 평가, 구직 활동에서 다른 경쟁자들에 비해 절대적인 우위에 있을 수 있게 된다. 그리고 생각지도 못한 인생의 기회를 얻을 수도 있다. 생각해 보아라. 누군가와 얼굴을 맞대고 영어로 대화하는 것과 100명의 사람에게 마음을 움직일 수 있는 영어 메일을 보내서 기회를 얻는 것 중 어느 것이 더 큰 기회를 가져다줄지. 조금만 생각해보면 영작을 잘 한다는 것, 즉 영어로 사람의 마음을 움직이는 글을 쓸 수 있다는 것이 얼마나 중요한 일인지 알 수 있을 것이다.

하지만 지금 우리나라 영어 교육은 평가자들의 편의를 위한 단순 암기식 혹은 주입식 교육의 산물이 되었다. 어떻게 하면 저렴한 인력과 적은 비용으로 학생들의 영어 성취도를 평가할 수 있을까를 고민한 결과, 영어 작문은 그 설 곳을 잃게 되었다.

반면에 영어권 국가에서는 영어 교육의 핵심이 바로 영어 작문이라고 말한다. 말하기, 독해, 듣기 등은 영어 작문을 잘하기 위한 하나의 과정으로 받아들여지고 있고 그 외에도 작문을 잘하기 위한 방식이나 도구가 집중적으로 연구되고 있다. 이처럼 영어권 국가에서는 작문을 중요하게 여기며 여러 가지 평가의 척도로 삼는 경우가 많다. 그 이유는 작문이 가장 높은 차원의 언어 구사 능력이면서 사고능력, 문법, 회화 등 글쓴이의 모든 실력을 알 수 있기 때문이다.

외신 영어로 대화하고 영어로 된 글을 읽을 때도 영어는 작문부터 시작해야 가장 효율적이다. 그 이유를 몇 가지만 꼽자면 아래와 같다.

1. 영작은 말하기와 달리 자기의 생각에 대해 고찰하고 다듬어 '발효'할 수 있는 시간적 여유가 있다. 여기서 발효시킨다는 뜻은 자기의 생각을 더듬어 보면서 이 생각이 정확하게 글에 표현되고 있는지 검토하고 이 생각을 정제_{Refine}해서 다양한 방법으로 표현한다는 의미이다. 이로써 상대방에게 내 생각을 표현하여 서로의 생각을 교류하고 고민해 보고 차이점을 이해시키거나 설득할 수 있는 여유를 가질 수 있다.

2. 영작할 때 문법에 대한 기초 지식을 쌓기 위해 공부하게 된다. 나아가 학습한 문법, 표현, 구문을 영작문에서 사용할 수 있게 된다. 즉 영어 문법, 표현, 구문을 가장 효율적으로 공부할 수 있으며 이것들을 내 것으로 만들 수 있게 된다.

3. 영어로 된 문장을 자꾸 쓰고 활용하다 보면 다른 사람이 쓴 문장이나 말을 이해하는 능력, 즉 독해와 듣기 능력이 향상된다. 독해와 듣기에서 가장 중요한 것은 집중력이다. 집중력이 없다면 상대방의 이야기가 머리에 들어오지 않는다. 영작이 익숙해지면 상대방이 어떻게 표현하는지, 어떤 얘기를 하는지 조금 더 집중할 수 있게 된다. 또한 영작으로 얻은 지식을 통해 더 많은 문장이 보이고 들리게 된다.

4. 영작은 이처럼 영어 능력을 전체적으로 개선시키지만 반대로 영어 공부에 대한 근본적인 동기부여가 되기도 한다. 영작은 다른 학습과 달리 시간과 공간에 제약을 받지않고 더 많은 사람과 소통할 수 있다는 장점이 있다. 영작이 인간관계에 영향을 미치게 된다면 영어 공부에 지속적인 동기부여가 될 것이다.

왜 영어 에세이인가?

 '영작英作'이란 영어로 글을 짓는 행위이다. 그리고 그 영작으로 만들어진 결과물을 '에세이Essay'라고 한다. 에세이는 내 생각, 가치관, 사고방식, 의견 등이 녹아 있는 '종합사고능력'의 집합체라고 할 수 있다. 그러므로 세상을 바라보는 필자의 생각을 담은 글을 에세이로 통칭한다.

 우리나라 학생들의 경우, 자기 생각을 쓰는 교육을 받은 경험이 부족하여 영작이 익숙하지 않다. 따라서 내 생각을 영작하는 데 있어서 말하기에 의존한 구어적 표현들을 많이 쓰며 내 생각을 창의적으로 표현하기보다는 그저 많이 쓰는 표현, 다른 사람들이 많이 구사하는 방식을 쫓아 글을 적는다. 하지만 이것은 영어 에세이가 아니다. 그냥 내가 말할 것을 받아 적은 글일 뿐이다. 에세이는 내 머릿속에 있는 생각과 정보들을 적절하게 요리해서 가장 나다운 결과물을 뽑아내는 것이다. 이 과정에서 가장 중요한 것은 표현의 제약이나 표절이 없어야 한다는 것이다.

 가장 아름다운 글은 가장 나다운 글이며 내 머릿속에 있는 생각을 '눈치 보지 말고' 뽑아 써내려가는 것이다. 여기에는 문법이나 복잡한 표현도 필요하지 않다. 가장 나답고 독창적이며 상대방에게 전달되는 데 있어서 문제가 없는 글이면 된다. 다음의 그림은 창의적인 글쓰기를 위한 요소들을 정리한 것이다. 그림과 같이 창의적 글쓰기를 위해서는 일단 나의 사고방식이 유연해져야 한다. 그리고 언어적인, 수사적인 관습에서 벗어나 내 머릿속에 있는 것들을 정확히, 효율적으로 전달해야 한다. 마지막으로 다른 이의 글이 아닌 나만의 창의적인 생각을 자유롭게 표현하는 것이 핵심이라 하겠다.

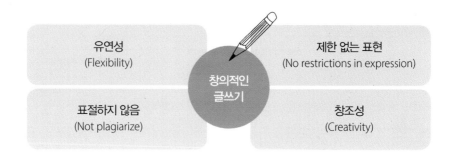

〈창의적인 글쓰기를 위한 네 가지 요소〉

이제까지 영어 에세이에 대한 이론을 정리했다면 아래에서는 구체적인 예시
문을 통해 실제로 에세이를 어떻게 작성해야 하는지 살펴보도록 하겠다.

It is because the countries are not interested in global warming issues.

그것은 나라들이 지구 온난화 문제에 관심이 없기 때문이다.

위의 문장을 살펴보자. 여기에는 'Interested'라는 '주관적 판단'이 포함되어 있
다. 즉 'Seems they are not interested'라는 뜻이 내포되어 있기 때문에 '나는 ~라
고 생각한다'는 의미가 숨겨져 있음을 추측할 수 있다. 이 짧은 문장은 사실이
아니라 개인의 생각과 의견을 표현하고 있다. 하지만 이 문장은 'I think' 혹은
'In my opinion' 등 주관적 판단을 나타내는 서술이 없어 언뜻 보면 사실을 전달
하는 글로 보일 수 있다. 이처럼 하나의 문장에는 여러 가지 뜻이 내포되어 있기
때문에 에세이를 읽을 때 독자들은 자신의 가치관과 관점에 따라 주관적으로 해
석할 수 있다.

영어 에세이는 단순히 사실과 정보만을 전달하는 글은 아니다. 에세이는 자기
의 생각을 표현하고 상대방에게 '어떻게 생각하는가?'라는 질문을 던져주는 역
할을 하는 '논술'에 가깝다. 따라서 영어 에세이를 작성하기 위해서는 문법을 많

이 아는 것보다 유연성·창의성·독창성을 갖는 것이 중요하다. 에세이는 때로는 간결해야 하며 논리적인 성격을 가져야 한다. 그리고 상대방의 다양한 사고를 유도하며 관심을 끌어야 한다. 에세이의 이러한 특성을 고려해 위의 문장을 다른 표현으로 써 보면 아래와 같다.

It is largely due to the fact that the countries are not that into the global warming issues.
그것은 나라들이 지구 온난화 문제에 그다지 큰 비중을 두지 않고 다루고 있기 때문이다.

이 문장을 보면 군이 '~때문에'라는 말을 이렇게 길게 표현할 필요가 있을까 싶지만 이것은 이전과는 다른 효과를 내는 장치이다. 'Largely'라는 단어를 통해 독자의 흥미를 유발하고 논란거리를 던질 수 있다. 그리고 'Interested'라는 관심 표현을 조금 애매한 표현인 'Not that into'으로 변화시켰다. 이로 인해 단정 짓는 첫 번째 문장보다 독자가 조금 더 유연한 사고와 반응을 할 수 있도록 유도했다.

이런 사소한 표현의 차이가 글의 깊이Depth, 질Quality과 상대방과 소통하는 기술Skill을 발전시킨다. 그리고 언어학의 가장 기본적인 목적인 '의사소통'의 여러 가지 장치들을 통해 상대의 관심을 유발해 조금 더 흥미 있고 창의적이며 재미 있는 소통이 가능해진다.

'여러 가지 언어로 말을 잘하는 것'은 글로벌 경쟁 시대에서 중요한 장점이지만 '여러 가지 언어로 글을 잘 쓰는 것'은 더 큰 파괴력이 있으며 많은 사람에게 영향을 끼친다.

마지막으로 이 책을 집필하게 된 근본적인 이유를 밝히며 글을 마치고자 한다. 현재 시행되고 있는 우리나라의 교육 제도, 특히 영어 교육과정은 상당히 잘못된 방향으로 흘러가고 있다. 영어 교육이 지금의 상황에 처하게 된 가장 큰 원인은 영어 작문에 대한 잘못된 교육 방식과 잘못된 인식 그리고 인력 부족, 평가 기관과 평가도구의 부재 등이다. 이로 인해 영어 교육은 총체적 난국을 맞이하였다 해도 과언이 아니다. 이 책이 영어 작문 교육에 중요성을 알리고 적극적인 교육이 이루어지는 데 일조하길 바란다.

또한 이 책을 통해 영어 에세이의 의미와 역할 그리고 가치를 독자들에게 전달하고자 한다. 일생생활에서 에세이를 자유롭고 재미있게 접하며 창의적인 에세이를 쓸 수 있길 바란다. 나아가 이 책을 익힌다면 에세이와 영작에 대한 두려움을 떨치고 영어에 대한 총체적인 문제점을 해결할 수 있을 것이라 확신한다. 마지막으로 이 책이 많은 사람들이 영어와 한 걸음 더 가까워지는 계기가 되길 바란다.

Contents

1

Chapter

영어 공부의 새로운 패러다임, "영어 에세이"

01 영어 에세이란?
영작과 영어 에세이

 '영작'과 '영어 에세이'의 차이는 무엇일까? 쉽게 말하면 영작은 글짓기라 할 수 있다. 어렸을 때 경험했던 글짓기 대회를 떠올려 보면 바로 이해할 수 있을 것이다. 글짓기는 사물에 대한 묘사나 설명 혹은 그 외의 여러 가지 종류의 글을 만드는 행위를 의미한다. 그러므로 영작은 영어 에세이보다 좀 더 포괄적인 의미이다. 한국어를 영어로 번역할 때도 영작이라고 표현하기도 한다. 즉 영작은 영어로 글을 만드는 모든 활동이나 행위를 지칭한다고 하겠다.

 하지만 에세이는 어떤 주제, 목표, 사물, 경험 등에 자신의 생각, 느낌, 주관이 들어가는 것을 의미한다. 에세이는 내가 겪은 개인적인 경험, 사고방식, 가치관을 토대로 지어진 글이다. 한 마디로 영작 중 주관적인 생각이 들어가 많은 부분을 차지하는 경우를 영어 에세이라고 한다. 외국에서는 학술적인 의미로 사용하여 특정 주제에 대한 과제, 보고서, 논문, 학술자료, 기사를 모두 에세이라고 한다. 반면 우리나라에서는 대부분 사람이 에세이하면 수필을 떠올린다. 사실 에세이의 명확한 뜻을 규정하는 것은 어려운 일이다. 그러나 필자는 혼선이 올 수 있는 여지를 없애기 위해 이 책에서는 영작을 영어 에세이를 쓰는 행위로 정의하며 두 개념에 큰 차이를 두지 않겠다.

한편, 사전에서는 에세이를 다음과 같이 설명하고 있다.

ESSAY   ▼

뜻: a short piece of writing on a particular subject.

유의어: article, composition, study, paper, dissertation, thesis, discourse, treatise, disquisition, monograph······.

사전에 따르면 에세이는 특정 주제에 관한 짧은 분량의 글을 뜻한다. 유의어로는 기사, 작가가 쓴 글, 학술 문서, 논문 등이 있다. 여기서 주목할 점은 에세이가 어떤 개인의 생각이 들어간 글이라는 점이다. 즉 특정 주제에 대한 개인의 독창적인 견해를 뜻한다. 예를 들면 예전부터 대학 입학 시험에 종종 등장하였던 논술과 비슷한 형태라고 할 수 있다.

만약 우리나라 학생이 대입 평가 기준으로 영어 에세이를 채택하면 어떤 일이 벌어질까? 그리고 그 심사를 제대로 된 원어민 전문 입학사정관이 맡는다면? 수준이 높은 글을 쓰든 낮은 글을 쓰든 아마 우리나라 학생 중 99%는 불합격할 것이다. 그 이유는 간단하다. 우리나라 학생들은 에세이를 작성할 때 거의 같은 실수를 하는데 이 때문에 결코 높은 점수를 받을 수 없다. 학생들은 대부분 기존에 인터넷 콘텐츠 안에 영어로 나와 있는 지식을 자랑하거나 옮겨 적거나 남의 글을 흉내 내는 것에 그친다. 하지만 에세이라는 것은 독창적, 논리적 교육을 지향하여 종합사고능력을 배양하는 것이다. 이처럼 에세이는 개인의 창의적 사고를 글로 표현하는 능력을 평가할 수 있는 가장 효율적이고 정확한 방법이다.

이제 필자는 감히 말할 수 있다. 현재 우리나라의 영어 교육 제도, 특히 말하기, 독해, 듣기 위주의 입시 제도와 문법 위주의 입시 제도는 채점하기에 가장 편리한 방식일 뿐이다. 오늘날 학생들에게 잘못된 영어 교육을 강요하고 있는 교육 제도는 바람직하지 않다. 영어 교육의 꽃은 글쓰기이고 글쓰기를 제대로 하지 못하면 영어를 제대로 하지 못한 것이다.

국내에서 소위 잘나간다고 하는 영어 학원, 영어 교육 회사들은 다들 돈벌이에만 혈안이 되어 있다. 마치 회화를 조금이라도 할 줄 알거나 문법을 잘 알고 있으면 영어가 능숙해 질 수 있다는 식으로 소비자를 오도誤導하고 있다. 최근 입시뿐만 아니라 토익, 토플, 텝스 등의 시험대비를 위해 나라 곳곳에 잘못된 영어 열풍이 불었다. 이로 인해 영어 학원, 영어 교육 회사는 회화를 잘하는 방법, 원어민과 대화하는 방법 등을 홍보하며 소비자들을 현혹하고 있다.

02 왜 영어 에세이를 잘 써야 하는가?

가장 일반적인 예를 들어보겠다. A라는 직장인이 있다. 그는 외국에서 어학연수를 마쳤고 토익, 토플 성적이 나름 높아 일류회사 해외영업부서에 입사했다. A는 거의 매일 영어로 된 이메일을 외국 바이어Buyer에게 보내야 하는 업무를 맡고 있다. 아래는 실제로 A가 외국 바이어에게 보낸 이메일이다.

Dear client

Thank you for your email. I am very worried about your email because I have to confirm with my boss about this issue.
I sent the previous email for you and I think you give me the wrong size product. This product has some bigger detailed size in the box the and my boss has sent the size map. We are so worried because the producer can

not handle this issue because of discrepancy.
I am pretty embarrassed with your email after I found some problems. I really want to talk about this problem as soon as possible with you as my job is doing that issue……．

이메일 감사드립니다. 당신의 이메일을 읽으니 상당히 걱정되는군요. 저의 상사에게 최종 확인을 받아야 하기 때문입니다. 이전 이메일에 나와 있듯이 당신은 잘못된 사이즈의 제품을 보낸 것 같습니다. 이 제품은 박스에 쌓이고 좀 더 큰 사이즈이여야 하며 사이즈 표는 이미 저의 상사가 보낸 것으로 알고 있습니다. 생산자가 사이즈의 불일치로 인해 이 문제를 처리할 수 있을지 걱정됩니다. 나는 당신의 이메일의 문제점들 때문에 당황하였습니다. 제 담당이 이런 업무이기 때문에 당신과 이 문제에 대해 의논했으면 합니다……．

위의 이메일을 받은 바이어의 느낌을 직접 들어보았다. 그는 어떤 피드백을 주었을까? 바이어는 이메일 자체가 이해되지 않으며 거래도 하고 싶지 않다고 했다. 아마 위의 메일은 본 대부분의 한국인들은 겉보기에 큰 문제가 없다고 할 것이다. 그렇다면 바이어가 부정적인 반응을 보인 이유는 무엇일까?

　결론부터 얘기하자면 위의 글은 문법적으로 크게 잘못된 글은 아니지만 상대방이 보기에는 읽기 싫어지고 신뢰가 가지 않는 글이다. 바이어의 입장은 전혀 생각하지 않으며 어투도 딱딱하고 무례하다. 동사, 문장 구조, 단어의 수준도 맞지 않는다. 그리고 문장에 I나라는 표현이 너무 많이 들어가 있다. 이러한 표현은 자칫 자기중심적으로 느껴지거나 상대의 흥미를 떨어뜨릴 수 있다. 결국 이 메일은 딱딱하고 재미없는 글이며 의미전달도 원활하지 못한 것처럼 느껴지게 되었다.

　A는 현재 회사의 매출을 유지하고 오랫동안 거래해 온 바이어는 지킬 수 있을지 모르겠다. 하지만 새로운 바이어와 계약을 성사시키거나 새로운 시장은 개척할 수는 없을 것이다. 이유는 간단하다. 그가 영어로 쓴 글은 소통 능력과 위

트가 없어 상대방에게 매력적·창의적으로 메시지를 전달할 수 없기 때문이다.

거래의 대부분, 아니 거의 100%는 기록된 문서Written document로 결정되고 계약된다. 즉 영어로 바이어나 거래처를 설득시키고 좋은 거래, 유리한 거래 그리고 실수 없는 정확한 거래를 성사시키려면 화려한 언변이나 문법적인 정확성은 그다지 중요하지 않다. 영어 글쓰기의 기술, 영어 에세이의 창의성과 정확한 표현, 상대방을 배려하고 매력을 발산하는 글재주와 위트 등이 이러한 거래를 진행하는데 훨씬 중요한 능력이라 할 수 있다.

자기 생각을 영어로 표현하는 방법을 모르는 사람이라면 해외시장에서 혹은 해외대학 입학을 좌우하는 입학 사정에서 절대적으로 불리한 상황에 놓일 수밖에 없다. 그리고 이는 당연한 일이다. 심지어 요즘 유행하는 SNS의 팔로워들과 소통을 할 때만 해도 영어 글쓰기 실력이 요구된다. 외국인 팔로워들에게 자신을 어필하며 콘텐츠를 설명하고 매력을 발산하는 데 있어서도 영작 기술이 필요하다. 자신의 사진이나 영상과 함께 어떤 생각을 하는지, 어떻게 이 콘텐츠를 올리게 되었는지, 영어로 설명하는 것도 일상에서 필요한 부분이 되었다. 영어로 된 글을 잘 쓴다는 것은 내 생각을 더 많은 사람에게 전파할 수 있다는 것을 의미한다. 그러므로 외국인들과 소통하는 수단으로서 영작 기술은 가장 중요한 요소라 할 수 있다.

SNS 등에서 벌어지는 재생산이나 변형의 과정은 비단 문화에 국한된 일이 아니다. 이러한 일은 모든 방면에서 일어나고 있으며 영어로 된 콘텐츠 이외의 것은 도태되어 긴 생명력을 얻지 못하고 결국 사라지고 있다. 다른 말로 하면 한국어로 된 내 생각이 담긴 글은 오래 가지 못해 '구글'에서 사라지게 되며 영어로 된 글과 비교했을 때 활용도도 훨씬 낮다고 할 수 있다. 즉 우리나라 사람들의 생각이 담긴 글은 대부분 영어로 된 콘텐츠에 묻혀 사라지고 검색조차 되지 않으며 먼 후세 사람들에게 전달되지 못한 채 사라지게 되는 것이다. 실제로 2010년 이북e book의 등장 이후 글이나 콘텐츠의 가치가 가격으로 매겨지는 직거래 시장이 등장했다. 이에 따라 어마어마한 양의 지식이 거래되고 있다.

하지만 한국의 네티즌들은 이러한 콘텐츠 전쟁에서 '출전 자격 박탈'을 당한 채 지식과 생각의 무덤 속에 묻히고 있다. 하루에도 수억 명의 머릿속에서 나오는 영어 콘텐츠로부터 우리의 콘텐츠는 암매장되어 그 힘과 소리를 잃고 점점 사라져 가고 있다. 옛말에 "사람은 죽어서 이름을 남기고 호랑이는 죽어서 가죽을 남긴다"라는 말이 있다. 최근에는 "사람은 죽어서 구글에 콘텐츠와 검색어를 남긴다"라는 말이 나올 정도로 우리는 구글이라는 정보의 우주 가운데서 살고 있다. 하지만 구글이라는 정보의 우주 가운데 한국인들의 역할은 없다. 무수한 정보들 사이에서 우리의 족적은 없다. 그 이유는 매우 간단하다. 우리는 그들이 쓰는 언어로 콘텐츠를 남기는 법을 알지 못하고 배우려 하지 않기 때문이다.

현실을 직시하지 못한 채 우리는 끊임없이 우리끼리 만들어 놓은 '녹색창'에만 족적을 남기려 한다. 녹색창 역시 C월드처럼 언제 어떻게 될지 아무도 모른다. 그런데도 여전히 녹색창은 한국 사람들의 콘텐츠를 집어삼키고 그로 인해 막대한 돈을 벌고 있다. 우리는 스스로가 만들어 놓은 '사서함'에 우리 목소리를 저장할 수는 있지만 곧 다가올 현실에 이 사서함은 역사 속에 결국 묻힐 수밖에 없다.

'트랜센던스Transcendence'라는 영화에는 다음과 같은 이야기가 나온다. 한 남자가 죽게 되자 그의 연인은 컴퓨터에 그의 뇌를 업로드Upload하였고 그는 인공지능의 형태로 살게 되었다. 이후 그는 세상에 지속적인 위협을 가했으며 엄청난 힘을 갖게 되어 인류에 심각한 경고의 메시지를 보냈다. 인공지능이 막대한 힘을 얻을 수 있었던 이유는 바로 그가 가진 정보수집능력 때문이었다. 이처럼 우리는 정보가 곧 힘이 되는 시대에 살고 있다.

정보의 바다에서 살아남는 것은 계속해서 검색되고 중요하다고 여겨져 검색빈도가 높은 정보, 즉 '빅데이터'와 관련된 정보들이다. 이 정보들의 99%는 영문으로 작성되어 있으며 영어로 분석되고 선별되어 그 가치가 측정된다. 만약 구글에서 한국어로 검색하여 어떤 정보를 찾으려 한다면 안타깝지만 직접적인 정보보다는 번역된 정보들이 상위에 뜨게 될 것이다. 결국 한국어로 된 정보는 그 중요도가 낮게 인식된다는 의미이다. 그리고 한국 사람들은 그 리스트가 주는 심각성에 대해 어떤 느낌이나 생각도 갖지 못한 채 검색을 계속할 것이다.

자기 생각을 자유롭게 영어로 표현하는 것, 더 나아가 영어로 된 콘텐츠를 생산하고 그 콘텐츠의 가치와 질을 높이는 일은 곧 국가 경쟁력을 높이는 행위가 될 수 있다. 또한 한 개인의 브랜딩Branding과 가치 그리고 족적을 남기는 행위가 될 것이다. 상위 문화나 한 언어가 하위 문화나 다른 언어들을 잠식하는 현상은 역사 속에서 수없이 많이 이루어져 왔다. 그러므로 우리가 영어로 된 콘텐츠를 계속 생산하지 않는다면 어떤 일이 벌어질지는 불 보듯 뻔한 일이다.

한국인들이 영작을 좀 더 친숙하게 활용하고 동기를 부여하며 나아가 스스로 브랜딩하여 실질적 효과를 몸으로 느끼게 된다면, 한국에 상상하지 못할 만큼의 큰 경쟁력을 가져올 것이다. 그래서 필자는 본 서적을 기획하면서 "한국 사람들이 자기 생각을 영어로 표현할 수 있게 되어 '가치를 평가받고 질 높은 콘텐츠를 생산하는 데' 이 책이 조금이라도 이바지할 수 있지 않을까"하는 생각을 하게 되었다. 혹자는 "한국어로 된 콘텐츠를 번역하거나 자동 번역기를 사용해 그 의미나 가치를 제대로 전달할 수 있는 기술력이 개발된다면 기존 한국어로 된 콘텐츠들도 경쟁력을 가질 수 있지 않을까"하며 반론을 제기할 수도 있다. 하지만 기존의 한국어 콘텐츠를 번역하는 것에는 큰 문제가 있다. 이 문제는 번역 과정에서 드는 시간과 비용과 같은 문제가 아니다. 바로 콘텐츠를 평가하고 걸러내고 가치를 결정하는 모든 수단과 측정하는 로봇들이 영어로 된 언어를 기반으로 한다는 것이다. 영어로 된 콘텐츠들은 다른 언어들과는 상대도 안 될 정도로 용이성과 호환성 그리고 지속성이 뛰어나기 때문에 한국어 콘텐츠가 번역된다고 해도 그들과 경쟁이 될 수 없을 것이다.

결론적으로 우리도 영어로 된 콘텐츠를 생산하고 이를 통해 우리의 문화나 기술 경쟁력에 대한 장점이나 우수성을 알려야 한다. '구글'이라는 정보의 우주에 지금이라도 우리의 깃발을 꽂고 우리의 흔적과 가치를 어필해야 한다. 앞으로 전 국민적으로 영어로 된 지식이나 생각에 대한 콘텐츠를 자유롭게 생산하도록 교육해야 하고 그로 인해 우리가 전 세계적으로 쏟아지는 정보에 바다에서 도태되지 않도록 해야 한다.

쉬운 예로 미국의 아마존Amazon과 우리나라 XX번가 쇼핑몰의 가치를 비교해 보자. 전체적인 시스템, 구조, 배송, 물류 등에 있어서 엄청난 차이가 나는 이유는 비단 CEO의 능력이나 창업 시기 혹은 비즈니스 모델의 차이뿐만은 아닐 것이다. 우리나라에서 생산되는 물건이 해외에 팔리지 못하는 전자상거래E-Commerce의 핵심 문제는 소통이라는 단순한 이유 때문이다. 해외 구매자들이 XX번가에 접속해 구매하는 것이 어려울 수 있다는 점을 생각해보면, 왜 우리가 영어로 된 콘텐츠를 생산해야 하며 그러한 방법을 배워야 하는지 깨닫게 될 것이다. 우리의 생각이나 감정을 영어로 된 글을 사용해 창의적으로, 자유자재로 표현할 수 있다면 얼마나 큰 경쟁력을 갖게 될 수 있을까. 무엇을 상상하든 그 이상일 것이다.

글을 잘 쓴다는 것은 뛰어난 외모나 목소리보다 훨씬 매력적일 수 있다. 그리고 창의적이며 생산적인 글은 그 사람의 미래를 좌우하기도 한다. 영어 에세이는 세계 시장Global Market에서 그 사람의 미래를 결정짓는 중요한 무기가 될 수 있다. 영어 에세이는 자기 생각이나 사고능력을 다른 사람에게 전파하는 수단이며 동시에 회사에서 원하는 인재상이 되기 위해 갖추어야 할 1순위의 능력이라 할 수 있다.

그럼에도 불구하고 종합사고능력을 측정하는 객관적이며 가장 정확한 수단인 영어 작문, 그중 영어 에세이 쓰기는 우리나라에서만 경시되었다. 한국은 영어 에세이에 가장 취약한 나라 중 하나가 되어 버렸다. 영어 에세이는 곧 국가 경쟁력이며 누구나 배우고 갈고 닦아야 하는 필수 과목이다. 어릴 때부터 꾸준히 연마해야 하는 필수 과정이라 할 수 있다. 그러므로 국가적인 차원에서 영어 에세이와 관련한 인프라를 구축하고 필수 교과로 정해 학생들이 자유자재로 영어 에세이를 쓰고 창의적 사고를 펼쳐 표현할 수 있도록 해야 한다.

영어 에세이가 능숙하지 못하면 표현능력이 떨어져 정확한 의사소통이 어려워질 수 있다. 동시에 사고가 제한되어 창의적이고 독창적인 사고가 저해된다. 또한 글로벌 경쟁 시대에 영어 글쓰기 기술의 익히지 못한다면 치명적인 단점이 될 것이다. 국내 일류대학을 졸업한 뛰어난 학생들이 외국 이류二流 학교의 학생들보다 아이비리그 합격률보다 낮은 이유 역시 영어 에세이와 관련 있다. 그뿐만 아니라 국내기업이 해외기업들과의 경쟁에서 뒤처지는 가장 큰 이유도 에세이에 있다.

이쯤 되면 영어 에세이의 중요성을 더 강조할 필요는 없을 것이다. 요약하면 영어 에세이는 자기 생각을 표현하는 수단으로 세계화 시대에 사는 우리에게 더욱 요구되는 능력이라 하겠다.

03 영어 에세이의 어마어마한 힘

영어권 나라에서 태어나거나 공부하지 않은 사람이 외국인과 영어로 대화할 때 나타나는 특징 중 하나는 대화 자체가 피상적으로 흐른다는 것이다. 처음 대화를 날씨 얘기로 시작했다고 가정해보자. 두 사람의 대화는 날씨에 대한 피상적인 묘사를 서로 주고받거나 경험을 얘기하다가 다음 주제로 넘어갈 것이다. 음식에 관해 이야기할 때에도 마찬가지이다. "나는 삼겹살을 먹어보았다. 언제 먹었고, 맛이 어땠고, 누구와 함께 먹었다" 등 얘기를 나누다가 또 다음 주제로 넘어간다.

이처럼 영어권 문화를 경험하지 않은 사람은 대화의 깊이가 없고 대화 대부분이 묘사와 경험으로 채워진다. 이런 대화를 통해 서로의 공감대는 찾을 수 있을지 모르겠지만 그 사람이 어떤 가치관과 생각을 가지고 있는지는 알 수 없다. 이처럼 대화의 주제가 자주 변하는 것은 소통에 있어서 좋은 현상이 아니다. 한 가지 주제에 대해서 깊게 얘기하고 서로에 대한 생각을 공유하며 공감대를 가지고 상대방의 의견에 대해 고민해 보는 과정에서 우리는 서로의 성향을 알게 된다.

에세이를 자주 써봐야 하는 이유도 여기에 있다. 한 가지 주제를 심화해서 토론할 때 한국어로는 깊이 있는 논쟁과 토론을 할 수 있으며 때로는 상대와 대립하거나 동조하기도 한다. 하지만 영어로는 깊은 생각을 표현해 본 적이 없는 경우가 대부분이다. 그러므로 대다수 사람은 영어로 대화를 나눌 때 어떤 방식으로 내 생각을 표현해야 하며 효율적으로 내 생각을 전달하고 상대방을 설득할 수 있는지 알지 못한다.

간단한 예로 A라는 블로거가 어떤 실험과 경험을 토대로 구독자들에게 정보를 전달하고 다양한 콘텐츠를 생산하여 유명한 파워 블로거가 되었다고 하자. 이 블로그에서 생산된 콘텐츠는 전 세계적으로 공개되었고 해시태그를 통해 전 세계 사람이 검색할 수 있게 되었다. A는 '#myexperience #selfie' 등의 키워드를 올렸다. 그 키워드로 콘텐츠에 접속한 사람들이 제일 먼저 보는 것은 그 콘텐츠에 대한 설명이다. 사람들은 콘텐츠가 어떻게 만들어졌고 어떤 리뷰들이 달려 있으며, 어떤 방식으로 블로거가 콘텐츠를 생산하는지 궁금해할 것이다. 그러나 그것들이 영어로 적혀있지 않으면 이 콘텐츠는 그야말로 한국 사람들만 볼 수 있는 제한된 콘텐츠가 된다. 다양한 방식으로 한국의 문화와 콘텐츠를 접하고 싶어 하는 전 세계 구독자들이나 한류 팬들은 치명적인 소통 장애를 겪게 된다.

한국말로 소개된 글, 영상, 사진의 경우, 그 콘텐츠가 확산하는 데 상당한 제약이 있다. 이러한 상황에서 내 생각을 영어로 설명할 수 있다는 것은 상당한 경쟁력을 갖게 된다는 것을 의미한다. 이러한 능력은 개인이 가진 콘텐츠의 질은 물론 확장 가능성을 높이고 콘텐츠 생산자의 경쟁력을 결정한다.

자유자재로 영작하여 소통하는 능력을 기르는 것은 결국 전 세계 네티즌의 접근성을 터 주는 결과를 낳게 된다. 이로 인해 내가 생산한 SNS의 글, 사진, 영상의 화제성을 높이고 다양한 방식으로 조회 수를 높일 수 있게 된다. 예를 들어 인스타그램에서 쓰이는 해시태그 역시 영어로 썼을 때 가장 많은 조회 수를 얻게 된다. 블로그도 영어로 기재하였을 때 관심도를 얻게 되고 상대방에게 소통에 대한 동기부여를 끌어내는 엄청난 역할을 하게 된다.

예를 들어 B라는 사람이 인스타그램에 스케이트보드를 타는 영상을 올렸다고 가정해보자. B는 영상 밑에 스케이트보드의 기종, 라이딩 장소와 시간, 타는 법 등을 영어로 적어 놓았다. 이 영상을 우연히 접한 수천 명의 사람이 그 영상을 조회하고 '좋아요'를 눌렀다. 전 세계 팔로워들이 B라는 사람에게 느끼는 호감도는 생각보다 엄청날 것이다. 언젠간 B라는 사람과 함께 스케이트보드를 타며 실제로 소통하거나 대화하는 장면을 상상해 볼 수도 있을 것이다. 그 사람의 생각이 담긴 영어 글을 보고 문화적인 괴리감도 사라질 수 있다. 또한 이 콘텐츠는 재생산될 때 따로 번역하거나 설명할 필요가 없다. 콘텐츠 자체가 가지고 있는 호환성으로 더 빨리 많은 사람에게 퍼질 수 있는 파괴력을 얻게 될 것이다.

이 콘텐츠를 기사로 작성하고 싶어 하는 기자가 나타났다고 생각해보자. 이 기자는 무엇으로 이 콘텐츠의 가치를 판단하여 기사로 내고자 했을까? 아마도 콘텐츠를 생산하고 있는 생산자의 소통 능력, 창의성, 콘텐츠 자체의 희소성 그리고 추가 콘텐츠 생산했을 때 많은 사람의 이목을 끌 수 있는지 등을 고려하였을 것이다.

영어로 글을 잘 쓴다는 것은 쉽게 얘기하면 전 세계 시장에 나의 가치를 어필할 수 있는 무기를 갖게 되는 것이다. 당신이 해외영업부서에서 일하는 직장인이라고 가정해보자. 시차 문제를 무시하고서라도 하루에 당신이 통화할 수 있는 업체의 수는 지극히 제한적일 것이다. 통화한다고 해도 얼굴도 보이지 않는 외국의 누군가가 한국의 한 영업사원의 목소리에 귀 기울여 줄 리 만무하다. 하지만 내가 만든 제품 설명서나, 제품의 장점을 자료나 PPT 등으로 만들어 이메일로 전송하게 되면 어떤 일이 벌어질까. 이러한 컨텐츠는 단숨에 100개, 1,000개의 업체에 전달될 수 있다. 나아가 그들 사이에 컨텐츠가 공유되면서 순식간에 수천 명에 사람에게 전달되는 효과를 낳게 될 것이다.

그 메일에는 나의 독창적인 생각, 질 높은 제품의 사양, 경쟁력 있는 가격 등 여러 가지 요소가 기재되어 독자를 자극할 것이다. 여기서 중요한 것은 타인과 소통할 때 가장 큰 파괴력, 신뢰성, 공신력뿐 아니라 임팩트를 줄 수 있는 방법이 문서를 소통 수단으로 사용할 때라는 것이다. 문서로 된 콘텐츠는 지속성, 저장성 등을 고려하였을 때 말로 하는 음성 콘텐츠와는 비교할 수 없을 정도로 막강하다.

영어 에세이를 자주 접하고 주제에 대해 '영어로' 고민하는 것은 영어로 상대방과 소통하고 깊은 인간관계를 형성하는 데 있어서 가장 중요한 일이다. 말로 하는 대화는 앞서 얘기한 것처럼 휘발성이 강하기 때문에 내 생각을 기억하기 힘들 뿐 아니라 상대방의 생각이나 의도 역시 기억하기 힘들 수 있다. 그러므로 한 가지 주제에 대해서 에세이를 써 보는 것, 다른 사람의 피드백을 받는 것, 어떤 글에 대해서 반박하거나 동조하는 글을 쓰는 것 등을 계속한다면 영어 말하기 기술 역시 향상하게 된다. 그리고 영어로 생각하고 상대방을 설득하는 능력도 향상된다.

예를 들어 외국인 남자친구를 사귀는 한국인 여성이 있다고 가정해 보자. 이 연인은 영어로 대화한다. 이들은 사랑 표현도, 다툼도 영어로 한다. 그들이 평소 대화할 때는 소통에 큰 어려움이 없다. 그 정도로 여성의 영어 실력, 특히 말하기 실력은 매우 수준급이다. 하지만 둘이 다투게 되면 서로 갈등을 해소하는 데 어려움을 겪는다. 이 연인의 갈등 원인은 간단하다. 내 생각과 말하고자 하는 요점을 정확하게 상대방에게 전달하는 것이 능숙하지 못하고 상대방 역시 나의 의견이나 생각을 제대로 파악하지 못하기 때문이다. 여성은 어떤 특정 이유로 기분이 상했지만 남성은 왜 그것이 기분이 나쁜 일인지 이해하지 못할 것이다. 하지만 보다 중요한 것은 기분이 나쁜 이유보다 그 이유를 설명하는 방식에서 의도가 제대로 전달되지 못하는 것이 가장 큰 문제이다.

이럴 때 해결방법으로 가장 좋은 것은 글을 써 보는 것이다. 글을 쓰면서 상대방에게 내 생각을 전달해보는 것이다. 내가 무엇 때문에 기분이 안 좋거나 섭섭했는지, 나 자신도 정리해 보고 고민해 볼 수 있는 시간이 둘 사이에 갈등을 풀 수 있는 열쇠가 된다. 정작 내가 무엇 때문에 기분이 상했는지 스스로 깨닫게 되면 글을 써내려가면서 감정이 정리되고 나도 모르게 글 안에서 상대방과 대화하는 효과를 얻을 수 있다. 이렇듯 글로 내 생각을 표현하고 자유자재로 구사한다는 것은 인간관계에도 중요한 강점이 된다. 영어 에세이는 내가 원하는 목표를 이룰 수 있는 혹은 인간관계의 깊이와 폭을 넓히고 여기서 경쟁력을 가질 수 있는 중요한 무기가 될 것이다.

한국의 영어 교육은 겉으로 들리는 화려한 말솜씨를 중요시하는 말하기 교육에 편중되어 있다. 하지만 깊이 있고 내 생각을 독창적이고 논리적으로 표현할 수 있는 글쓰기 능력이 훨씬 중요하며 강조되어야 한다. 글이라고 하는 것은 내 생각을 스스로 정리할 수 있는 중요한 도구이며 생각을 고민해 보고 상대방에게 전달하며 큰 감동을 준다. 그리고 휘발성 없이 오래도록 상대방의 가슴속에 남을 수 있는 효과적인 수단이다.

중요한 의사 결정이나 그 사람을 나타내 주는 증명서, 자격증 등이 모두 글로 되어 있는 이유도 백 마디 말보다 신뢰가 가는 글의 중요성을 반증하는 것이라 하겠다. 인간관계에서도 상대방에게 오래도록 남는 기록이나 대화 내용은 글로 된 경우가 많다. 그러므로 영어로 내 생각을 표현하는 능력이나 과정은 경시되어서는 안 되며 체계적인 교육과 꾸준한 노력이 필요하다.

필자는 이 책을 통해 독자들이 에세이에 대한 중요성을 깨닫고 영어로 생각을 표현하는 방법을 스스로 터득하길 바란다. 이 책이 어부처럼 '고기를 잡아서 보여주기'보다는 스스로 '고기를 잡는 방법을 알려주는' 중요한 계기가 되었으면 한다. 스스로 영어 에세이에 대한 중요성과 역할을 깨닫고 느끼게 되었다면, 앞으로 어떤 방향으로 영어 공부를 해 나가야 하며 어떤 점을 중점적으로 해야 하는지 알게 될 것이다.

안타까운 점은 외국에서 학부나 대학원 과정을 경험하지 못한 대부분의 한국 학생들의 경우 영어 에세이의 중요성을 깨닫지 못한 채 직장에 취직하여 평생 영어 에세이를 접하지도 못하고 세계 경쟁 시대를 살게 된다는 점이다. 하지만 내 생각을 영작으로 유창하게 표현하는 사람과 그렇지 못한 사람의 연봉 차이는 엄청나다. 또한 영어를 유창하게 말하는 사람보다 영어 에세이 혹은 리포트를 잘 쓰는 사람이 더 실적이 좋고 더 많은 일을 할 수 있게 된다.

유학을 앞둔 학생이나 외국에 사는 학생들은 내가 원하는 목표를 이루기 위해 입학 사정이나 누군가의 평가를 받아야만 한다. 이러한 평가 기준의 대부분은 글이다. 내가 원하는 대학이나 직장의 관리자와 주고받는 이메일만으로도 관리자는 그 사람이 합격시킬만한 사람인지 혹은 목표를 이룰 수 있을지 판단할 수 있다. 하지만 대부분은 내가 가지고 있는 성적이나 스펙에 불합격의 탓을 돌리곤 한다. 실제로 글에 담겨있는 매력이나 호소력이 그 사람을 판단하는 가장 중요한 기준이 된다.

필자는 수년간 유학원을 운영하였고 하버드 대학교의 입학사정관들과 직접 대면할 기회가 몇 차례 있었다. 그들과 대화하던 중 한 가지 놀라운 사실을 발견하게 되었다. 그들은 학생에 대한 수치보다 글을 더 중요시한다는 것이었다. 그들은 숫자로 보이는 스펙이나 성적보다는 그 학생이 가지고 있는 잠재력이나 독창적인 생각 혹은 그 사람의 글에서 느껴지는 매력을 가장 중요하게 생각했다.

지원자를 평가할 때 가장 중요한 평가 기준은 그 사람이 어떤 생각으로 우리 학교에 지원했는지, 그 생각이 얼마나 설득력 있는지, 다른 학생들과 어떤 차이가 있는지, 독창적인 생각을 얼마나 많이 하는지 등의 요소들을 집중해서 살펴본다는 것이다. 이러한 평가 기준은 점수만으로는 알 수 없다고 했다. 수치에서 주는 정보로는 그 사람이 가지고 있는 능력치를 심층적으로 판단할 수 없다는 것이다. 그 사람의 잠재력을 끌어 올려주고 발전시키는 것이 대학의 몫이기 때문에 그 사람의 과거보다는 미래의 비전이나 목표에 대한 생각이 훨씬 더 중요한 평가 요소로 반영된다고 했다.

글을 보면 그 사람의 머릿속을 알 수 있다. 그러므로 이러한 평가 기준은 학생들의 글을 통해서 확인할 수 있다. 실제로 필자는 수많은 학생의 유학과정이나 합격을 봐온 결과 에세이를 창의적으로 쓰고 자기의 경험을 학교가 원하는 인재상과 잘 결부시켜 설득력을 높인 학생들의 합격률이 그렇지 못한 학생들에 비해 월등히 높다는 것을 직접 목격하였다.

사람을 매료시키는 에세이는 상대방에게 감동을 주고 내 생각을 상대방에게 설득력 있게 전달하는 기술이다. 이것을 익히기 위해서는 일단 기본적인 에세이를 쓰는 방법부터 알아야 한다. 이제부터 영어 에세이를 체계적으로 배워본 적 없는 대한민국 학생들이나 직장인부터 자기의 SNS를 통해 스스로 브랜딩을 하고 싶은 일반인까지 어떻게 영작을 해야 하는지 속성으로 익히는 방법을 소개하고자 한다.

04 저절로 써지는 영어 에세이

'영어 에세이가 저절로 써진다?' 이것이 무슨 의미인지 대부분 사람은 의아할 것이다. 영어 에세이는 영어 실력의 모든 부분이 적나라하게 드러나는 종합사고 예술이다. 따라서 잘못된 습관들로 영작할 때 무언가 이상한 느낌이 느껴질 것이다. 무언가 잘못되었다는 것을 알면서도 잘고치지 못하는 사람들은 왜 영어 에세이가 극복해야 할 가장 중요한 난제이며 영어 학습에서 가장 어려운 부분이라고 하는지 이미 느끼고 있을 것이다.

영어 에세이를 쓰는 방법을 배우기에 앞서 우리는 이미 가지고 있는 나쁜 습관부터 버려야 한다. 흔히 범하는 실수들이나 습관들은 모두 지우고 처음부터 다시 시작해야 한다. 그러한 의미에서 아래에서는 한국의 영어 교육 시스템에 익숙해져 있는 학생들이 영어 에세이를 시작하기 전에 주의해야 할 몇 가지를 정리하였다. 아래 예들은 기본적으로 가장 많이 범하는 실수들이다. 만약 자신에게 아래와 같은 잘못된 습관들이 있다면 과감히 고쳐나가야 할 것이다.

1) 중복되는 구문, 숙어, 단어를 피해야 글이 풍성해진다

사람의 생각은 글을 쓰는 계기이자 이유이다. 하지만 반대로 글을 쓰면서 생각을 정리하고 다양한 표현을 통해 상상력과 사고의 범위를 넓힐 수 있는데, 이것이 바로 글쓰기의 매력이며 목적이라 할 수 있다. 대부분 머릿속을 정리해서 자신의 느낌이나 생각을 표현한다고 생각하겠지만 반대의 경우도 상당히 많다. 글을 통해 사고의 깊이와 범위를 확장한다는 것은 이미 많은 학자를 통해 증명되었다.

영어로 에세이를 쓸 때 똑같은 단어를 계속 쓰는 것은 사고의 확장, 즉 창의적인 사고를 표현하는 과정을 방해한다. 영어 에세이는 자기의 생각을 표현하는 도구로 똑같은 단어를 반복하면 글이 혼잡해 보이고 사고를 명확히 표현하지 않았다는 인상을 주기 때문에 긍정적인 이미지를 갖기 어렵다. 따라서 똑같은 뜻의 단어를 2~3개 정도 더 외우고 이들 간의 미세한 차이점을 이해하고 응용하는 것이 독자가 다양한 생각을 전개하도록 한다.

특히 접속사는 사용빈도가 높기 때문에 접속사를 많이 외워 두면 글을 쓰는 과정에서 자기 생각을 다각도로 표현하는 데 도움이 된다. 예를 들어 아래의 접속사 중 'Because' 대신 조금 더 고급스럽게 '~이기 때문에'라는 표현을 하기 위해 'It is largely due to the fact that S(주어)+V(동사)'라는 구문을 사용하는 것도 좋다. 이 구문은 아래의 단편적인 표현보다는 상대방이 더 많은 상상을 하게 한다.

- 그러므로, 따라서: so, accordingly, therefore, hence, since, consequently……
- 때문에: because (of), thanks to, due to, owing to, for, since……
- 그러나: but, however, still, yet, nonetheless, nevertheless, although, though, in spite of, despite……

주어 역시 반복해서 사용한다면 창의적인 사고의 표현을 저해하게 된다. 한 에세이에서 'I'만 수십 번 나오는 경우도 있는데 이때는 분사구문 같은 것을 이용해 처리해주면 긍정적인 효과를 볼 수 있다. 예를 들어 'I was starving and I ate two bananas'라고 쓰기보다는 'Feel like starving, eating two bananas'라고 쓰는 것이 좋다. 'If you are done, you should finish this'보다는 'If done, you have to finish this'처럼 조금씩 문장을 간소화하는 것이 좋다. 문법에 크게 신경 쓰기보다 상대방에게 뜻을 간결하고 명확하게 표현한다는 생각으로 글을 쓰면 좋다.

영어는 언어이기 때문에 소통이 기본 원칙이다. 내 생각을 상대방에게 명확히 표현하는데 있어서는 사족이나 미사여구는 중요하지 않다. 명확하고 강렬하며 때로는 부드럽고 자신감 넘치게 표현하여 목적을 명확하게 전달하는 것이 중요하다. 실제로 우리는 중학교 때 배웠던 어휘만으로 논문을 쓸 수도 있다. 이는 문장 구조만 변형해도 하나의 뜻을 가졌지만 미묘하게 다른 수십 개의 표현을 만들 수 있기 때문이다.

2) 흔한 표현은 흔한 생각에 얽매이게 한다

'Because'라는 단어를 제일 앞에 쓰게 될 경우, 앞에 어떤 다른 문장과 연관된 어떤 의도가 내재되어 있다는 착각을 불러일으킬 수 있다. 물론 접속사를 맨 앞에 써도 문법적으로 틀린 것은 아니지만 맨 앞에 접속사를 쓰면 좋은 이미지를 주지 못할 수 있다. 접속사가 맨 앞에 나오게 되면 중간에 어떤 문장을 생략한 것 같이 어색할 수도 있고 문장 자체의 완성도가 떨어져 보일 수도 있다. 한국어로도 '나는 항상 요리한다. 왜냐하면 나는 요리사이기 때문이다'라고 접속사를 맨 앞에 쓰는 것보다는 '나는 요리사이기 때문에 항상 요리한다' 라는 표현이 더 자연스럽고 매끄러운 것과 같은 이치이다.

따라서 'Because, And, So, Or'를 맨 앞에 쓰는 것은 가급적 피하고 글 중간에 삽입할 때도 최대한 깔끔해 보이도록 뒤 문장을 앞으로 빼서 'As'를 사용해 문장을 간결하고 깔끔하게 표현하는 것이 좋다. 예를 들면 'I did it in the first place because I really want to make it'의 문장보다는 'As I really want to make it, I did it in the first place'식의 문장 구조가 의미전달에 더 효율적이다.

3) 문장 구조에 비해 지나치게 어려운 단어를 쓰는 것은 안 쓰는 것만 못하다

가끔 어려운 단어를 많이 써야 더 멋있고 좋은 에세이라고 생각하는 사람들이 있는데 완전히 잘못된 생각이다. 문장 구조는 너무나 단순한데 단어만 어렵게 쓰는 경우 마치 초등학생이 어른을 따라 쓰는 것처럼 어색하다. 이는 독자에게 불편한 느낌을 줄 수 있다.

4) 복잡한 표현은 집중력과 에세이의 질을 떨어뜨린다

외국인들, 특히 해외 거래처와 메일을 주고받다 보면 한 가지 특이점을 발견할 수 있다. 바로 글의 표현이 간결하다는 것이다. 영어가 세계 공용어가 된 이유는 돌려 말하는 표현이나 중의적 표현보다는 정확하고 명료한 소통을 중요시하기 때문이다. 하지만 문장을 쓸 때 어쩔 수 없이 똑같은 문장을 써야만 할 때가 있다.

예를 들어 '일본인들은 젓가락으로 식사하는 경향이 있지만 한국인들은 숟가락으로 식사하는 경향이 있다'라는 문장을 쓸 때 'Korean people have the tendency to have a meal with a spoon while Japanese people tend to have a meal with chopsticks'라고 쓸 수 있지만 이것보다는 'Korean people have the tendency to have a meal with a spoon while Japanese people with chopsticks'라고 쓰는 것이 더 간결하고 전달력이 강하다. 우리나라 사람은 언어에서 느껴지는 여백의 미, 즉 여운이 남는 말들을 좋아하고 그런 표현들이 실제로도 많다. 예를 들어 '시원하다'는 말은 상황에 따라 다른 뜻으로 해석될 수 있다. '시원하다'는 말은 뜨거운 국물을 먹을 때나 서늘한 상태를 이야기하기도 하는데 상대방에 따라서 그 뜻이 다르게 해석될 수 있다. 하지만 영어의 경우에는 정확한 표현을 쓰지 않으면 그 뜻이 잘못 전달될 수 있어 주의해야 한다.

또한 한국어에는 한자어가 많이 포함되어 있으며 말 자체가 그 사람의 학식 혹은 사회적 지위를 나타낸다는 편견이 있다. 따라서 일부 학식이 있는 사람들은 문어체와 한자어를 많이 사용하며 이것이 더 수준 높은 사고를 나타내는 것이라고 믿는 경향이 있다. 하지만 영어를 쓰는 나라에서는 이런 방식을 잘못된 것으로 생각한다.

소통과 간결함 그리고 효율성을 중시하는 영어의 언어학적 특징상 영어 에세이에 어려운 단어를 많이 사용할수록 오히려 에세이의 질은 떨어질 수 있다. 에세이를 쓸 때는 독자를 먼저 생각해야 한다. 독자를 배제하고 본인의 학식이나 지식을 자랑하는 글은 아무런 의미나 설득력을 갖지 못한다. 독자는 선생님, 학생, 교수일 수도 있으며 그냥 할머니일 수도 있다. 특정 독자층이 있거나 전문적인 정보를 전달하는 목적을 지닌 에세이가 아닌 이상 남녀노소 그리고 사회적 지위와 관계없이 누구나 편히 읽을 수 있는 에세이가 되어야 좋은 에세이인 것이다. 예를 들어 오바마 전 대통령의 연설문이나 스피치는 누구나 이해하기 쉽고 간결하다. 하지만 단호하고 효과적인 단어와 화법을 구사하고 있는 것을 알 수 있다. 대통령이라는 특수한 직업 때문에 쉬운 표현들을 쓰는 것이 아니다. 언어의 기본과 목적이 자기의 지식이나 학식을 자랑하는 것이 아니라 소통이기 때문이다. 오바마는 이러한 절대 전제를 잘 보여주는 사례라 할 수 있다. 물론 너무 단순한 문장 구조에 단순하고 쉬운 단어를 쓰게 되면 사고의 깊이를 느끼지 못하게 될 수 있다는 단점이 있다. 그러므로 다른 난이도의 단어를 적절하게 섞어 균형을 맞추는 것이 중요하며 적절한 위치에 적절한 단어를 쓰는 것이 중요하다. 또한 문장 구조의 복잡성과 난이도에 따라 단어를 비슷하게 맞추는 것이 중요하다.

쉽게 이야기하자면 영어를 잘 쓰려면 '눈치'가 있어야 한다. 즉 센스있는 단어 선택과 문장 구조가 독자의 주의를 환기하고 감동을 일으키는 원동력이 되는 것이다. 영어 에세이 중 상대방을 설득시키는 에세이를 쓸 때 가장 중요한 것은 상대방의 이목을 집중시키는 '체공滯空 시간'을 늘리는 것이다. 체공 시간이란 독자가 온전히 필자의 글에 빠져들어 그 글 안에 머무는 시간을 뜻한다. 체공 시간 동안 독자는 글 안에 담긴 필자의 사고와 소통하며 그 안에서 의미를 찾는다. 체공 시간을 연장할 매력과 센스있는 글을 쓰는 방법은 이 책의 두 번째 장에서 다루도록 하겠다.

5) 한국어를 그대로 번역해서 쓰면 제대로 된 영어가 아니다

언어는 동시대의 같은 문화권에서 생활하는 사람들의 생활 습관과 가치 철학이 담겨 있는 '종합문화사고예술'이다. 문화를 지탱하고 기록하고 발전시키는 힘은 바로 언어의 기록물인 '글'이다. 그러한 면에서 영어는 단순한 언어라 할 수 없다. 영어권 나라 외에도 세계 곳곳에서 자신들의 방식으로 영어를 변형시켜 자국의 문화에 맞는 새로운 언어로 발전시키고 있다. 따라서 영어는 영어권 사람들이 쓰는 언어일 뿐 아니라 전 세계의 문화와 각 국가의 철학이 녹아있는 세계의 공통문화이며 의사소통 수단이다.

하지만 영어에는 기본적으로 미국, 영국 등 영어권 국가의 문화가 가장 많이 녹아 있을 수밖에 없다. 따라서 한국말을 그대로 영어 번역한 글은 번역문은 될 수 있지만 정통 영어라고 정의하기에는 무리가 있다. 한글을 영어로 옮길 때는 영어식 표현이나 느낌을 사용하는 작업이 필요하다. 그래도 문맥이 어색하거나 한국어식 표현이 남아있을 가능성이 크다. 결국 생각할 때도 영어로 생각하는 버릇을 들이는 것이 가장 중요하다. 비영어권 국가 사람들의 경우 이 과정이 힘들 수도 있다. 이때는 영어로 된 구문이나 표현들을 항상 가까이하는 것이 효과적이다.

영어로 된 기사, 드라마, 소설, 책 등을 많이 읽어보라고 권하는 이유가 바로 여기에 있다. 영어식 표현을 많이 알아야 에세이를 쓸 때 적절한 표현을 사용할 수 있다. 그리고 이는 영어에 대한 자신감을 주는 것은 물론 영어 말하기나 독해에도 큰 도움이 된다. 한국인 중에 글은 잘 쓰는데 표현이 너무 한국식이라 영어 에세이 시험에서 좋은 점수를 받지 못하는 사람들이 많다. 이런 사람들은 반드시 영어로 된 글을 많이 읽어 영어 표현법을 많이 익히고 외워야 한다. 혹자가 '영어는 암기과목이다'라고 말하는 이유도 영어로 된 표현법을 어릴 때부터 익히지 못한 사람들은 간접적으로 경험하고 외우는 방법 외에 다른 특별한 방법이 없기 때문이다.

언어는 기본적으로 경험을 기반으로 두어야 하는데 어릴 때부터 영어 표현 및 구문을 익히지 못한 사람들은 속성으로 간접 경험을 하여 그 표현법이나 상황들을 외우는 것이 효율적이다. 예를 들어 미국 드라마를 100번 정도 돌려 보면서 영어식 표현법과 상황에 맞는 단어 등을 외우게 되면 그와 비슷한 상황에 나도 모르게 서양식으로 표현하고 사고하는 현상을 경험할 수 있다. 이처럼 '간접 경험'을 통한 암기식 영어 표현법은 아주 효율적인 학습 방법이라 할 수 있다.

한편 한국어를 영어로 번역하는 과정에서 발생하는 문제는 서양과 동양의 근본적인 사고방식의 차이에서 기인한다. 동양과 서양의 언어적 사고방식 혹은 표현방식에 관한 연구는 언어학의 흥미진진한 주제로 이와 관련된 많은 연구와 실험이 진행되고 있다. 동양과 서양의 언어학적인 차이는 그 문화권에서 생활하는 사람들의 사고방식이나 행동방식뿐 아니라 뇌 구조와도 연관되어 있다. 예를 들면 '제2언어 습득Second Language Acquisition'이라는 언어 장애 현상이 있다. 한 가지 언어를 배운 뒤 다른 언어를 습득하게 되면 앞서 습득한 언어 일부분이 누락되거나 뒤에 배운 언어의 학습력이 저해된다는 언어학적 현상을 의미한다. 이 역시 동서양의 사고방식 차이에서 나오는 단어 인식 장애나 의미 파악 과정에서 뇌가 착란을 일으켜 발생하는 경우가 대부분이다.

니스벳Richard Nisbett 교수의 『생각의 지도Geography of Thought』라는 책에 따르면 동양인과 서양인은 언어학적으로 그루핑Grouping하는 방식집단화 방식에 근본적인 차이가 있다고 한다. '소, 닭, 풀' 세 가지를 제시하고 두 개로 묶어보라고 하면 80% 이상의 동양인은 소와 풀을 묶고 80% 이상의 서양인은 소와 닭을 묶는다고 한다. 동양인들은 '소가 풀을 뜯어 먹으니까' 하는 '대상간의 관계'를 중점으로 두어 구분 짓지만 서양인들은 소와 닭을 같은 종으로 인식하는 과정을 우선시 해 '동물'이라는 이유로 구분한다. 따라서 관계를 중요하게 생각하는 동양인이 서양의 사고방식에 전제를 둔 글을 읽거나 그 과정이 담겨있는 단어를 접했을 때 언어학적 착란이나 오해가 발생하며 나아가 여러 가지 언어 학습의 장애를 가져오게 되는 것이다. 이렇게 소와 닭을 한 그룹에 묶어 이 그룹을 '동물'로 그루핑하고 상위어를 붙이는 사고 과정, 즉 개체들의 유사성을 통합하여 상위 개념으로 끌고 올라가는 상향식 사고Bottom-up Thinking는 한국인에겐 낯선 사고방식이다.

그도 그럴 것이 한국인은 비단 영어뿐만 아니라 전 과목에 걸쳐 초등학교 1학년 때부터 다른 방식으로 훈련되어 왔다. 초등학교 교과서를 예로 들어보자. 아이가 5학년이었을 때 지구과학에 관한 내용이 있었다. 외워야 하는 암석의 종류가 암기하기 쉽게 열거되어 있었으며 아이는 화강암, 편암, 현무암 등을 줄줄이 외워야 했다. 노래를 만들어 같이 불러주며 외우게 시키다가 어느 날 미국 과학 교과서를 들춰보고는 벌컥 화가 났다. 같은 암석에 대해 배우는데 그 교과서에서는 암석들을 보여주고 '어떤 게 색깔이 같아?', '어떤 게 재질이 비슷해?', '어떻게 부서져?' 이런 질문을 던지며 만져보고 부숴보라고 한 후 암석들을 분류하여 색깔별, 재질별로 채워 넣게 했다. 그제야 비로소 '이런 색과 이런 재질을 가진 암석들을 이런 이름으로 불러'라고 제시했다. 미국 아이들은 학교 교과 전반에 걸쳐 분류하고 묶어내며 상위 개념으로 올라가는 훈련을 받고 있었다.

서양인들의 자유로운 직접 연상법과 생각의 확장법에 비해 하향식 사고Top-down Thinking로 상위어 아래 이런 개체들이 존재한다고 강요되는 정보를 주입식으로 외워야 하는 한국인들은 사고의 제약을 받으며 자랐다. 이러한 방식 차이는 글을 쓰는 과정에서 적나라하게 드러난다. 필자는 책의 후반부에서 연상법을 기초로 하는 영작법과 다양한 구문을 소개할 것이다. 이를 통해 독자의 사고를 확장함은 물론 연상법을 영어 에세이에 반영할 수 있도록 하였다.

6) 정리된 주제문을 쓰자

주제문을 쓰는 올바른 과정부터 살펴보자. "우리 지역사회에 종합대학이 설립된다고 한다. 당신은 찬성인가, 반대인가?"라는 에세이 토픽이 주어졌다고 가정하면 아래 (1), (2), (3)의 과정에 따라 순서대로 주제문을 정리해야 한다.

(1) 먼저 브레인 스토밍Brain Storming을 한다. '근처의 상권들이 발전하려면 교통이 좋아야 하고 지역사회의 연령층을 고려해야 한다. 교육시설을 유치하면 정부에서 근처 유해 업소들의 인가를 제한할 것이다. 지역 주민들의 교육기회가 더 많아지면 평균 소득이 높아질 것이다' 등의 가설과 아이디어가 쏟아져 나올 것이다.

(2) 그럼 '상권의 발전'과 '교통의 편리성', '일자리 증가'를 하나의 그룹으로 묶고 여기에 경제 발전Economy Development 혹은 사회 기반 시설Infrastructure과 정부의 제한Government Restrictions이라는 상위어를 붙인다.

(3) "나는 대학설립에 찬성한다. 다양한 이슈가 있겠지만 궁극적으로 지역 경제가 활성화되기 때문이다" 등의 주제문이 나온다.

그런데 대개의 영작문 도서들은 (1)에서 (3)을 곧장 뽑아내라고 한다. 하지만 이는 원어민 사고 과정이 전제되어 있어야만 가능한 것이다. 영어권 사람들은 영어식 사고방식이 내재화되어 있기 때문에 (2)의 순서가 필요하지 않다. 그러나 한국인이 영어로 에세이를 쓰고자 한다면 반드시 (2)의 과정에 대한 훈련이 필요하다.

서양식으로 개념을 묶는 것과 상위어 표제 붙이기Labeling with Superordinate Terms, 이 두 가지 훈련은 영어 에세이를 쓸 때 반드시 이루어져야 하는 과정이다. 일반적으로 한국인은 연역법이나 귀납법 등의 작문 구조에는 익숙하지만 상위 표제어 붙이기나 단어 연상법 그리고 분류에 대한 언어학적 연습은 낯설어한다. 특히 영어로 된 글을 쓰려면 사고의 정리, 즉 생각을 정리하고 글로 표현하는 연습을 해야 한다. 연상법을 통해 표현을 다양하게 하고 개념을 분류하는 과정, 표제어를 붙이는 훈련을 계속해야 한다. 이는 중요한 영작 학습의 시작점이 될 것이다.

옥스퍼드 대학의 토플 라이팅Writing을 담당하는 연구진들에게 위와 같은 필자의 견해를 전달한 적이 있었다. 그들은 매우 흥미로워하는 반응을 보였다. 그러나 그들이 이러한 교육 방식에 대해 정보를 얻었다고 하더라도 외국인 대상 교재를 개발해서 이런 사고 과정을 훈련할 수 있겠는가? 아마도 불가능할 것이다. 이것은 두 개 언어와 두 개의 사고방식을 교차하는 이들만이 할 수 있는 몫이다.

거시적으로는 교과과정 전체에서 이러한 사고방식의 훈련이 검토되었으면 하는 간절한 바람이 있다. 주입식 교육의 문제점을 너무나도 잘 알고 있는 한국인들에게 주입식 교육을 하지 말자는 말은 이제 식상하기까지 하다. 하지만 이제 영어 교육은 상위 표제어 붙이기와 필자가 후반부에 설명할 연상법을 통해 영어로 생각하는 방법을 터득하고 연습해야 한다.

7) 관계대명사를 너무 많이 쓰면 관계대명사 본연의 역할을 잃게 된다

관계대명사는 명사나 대명사를 부가 설명하는 역할도 하지만 대명사를 강조하고 간략하게 하며 명확하게 의미를 전달하려는 목적도 있다. 관계대명사는 한 문장에 하나만 쓸 것을 권장한다. 관계대명사를 너무 많이 쓰면 지저분한 에세이가 되기 쉽다. 예를 들면 'Tom who is my best friend likes the pen which my mother who is fifty years old gave him'라는 문장은 눈에 거슬리고 그다지 좋은 문장으로 생각되지 않는다. 여기서 '주어 + be'는 생략이 가능하다. 따라서 다음과 같이 바꾸기를 권한다. 'Tom, my best friend, likes the pen which my mother, 50, gave him' 뒤 문장이 훨씬 간결하며 전달력이 있다는 사실에 주목하자.

8) 에세이를 쓸 때 예제 및 통계 자료는 중요한 요소 중 하나이다

에세이를 쓰는 목적에는 여러 가지가 있지만 주요 목적은 읽는 사람이 내 에세이에 호감과 매력을 느끼도록 만드는 것이다. 모두가 신용할 수 있는 정보를 에세이에 집어넣는다면 에세이는 독자들로부터 큰 관심을 받을 수 있게 된다. 예를 들면 '사람들은 돈이 생기면 돈을 마구 써버리는 경향이 있다. 이러한 자세는 고쳐야 할 것이다'라고 쓰는 것도 괜찮지만 이것보다는 '심리학에 의하면 인간은 뜻밖의 이득이 되는 무언가가 생겼을 때 그것을 무의식적으로 사용해버리는 경향이 있다고 한다. 하지만 이러한 경향은 좋지 못한 것이므로 반드시 고쳐야 한다'라고 쓰는 것이 독자들에게 좀 더 신뢰감과 확신을 줄 수 있을 것이다. 이 외에도 내 경험을 바탕으로 써도 되고 책의 내용을 인용해도 상관없으며 속담이나 격언을 사용해도 좋다. 또한 객관적인 정보, 자료, 지식을 집어넣어도 도움이 된다.

9) 10이하의 숫자는 영어로, 그 이상은 그냥 숫자로 표기하자

숫자는 통계 자료나 설문조사에만 쓰이는 것이 아니다. 숫자는 다양한 논제와 토픽에도 등장하며 큰 숫자가 나오는 특정한 글의 경우가 아니면 대부분 10이하의 숫자로 등장한다. 이때 주의해야 할 점은 아라비아 숫자가 들어가게 되면 성의 없어 보일 수 있다는 것이다.

에세이를 쓸 때 10이하의 숫자는 영어로 표기하는 것이 더 좋다. 'I ate 2 apples'보다 'I ate two apples'가 더 보기 좋다. 하지만 10이 넘어갈 때부터는 그냥 아라비아 숫자로 쓰도록 하자. 'Maybe I did it about thousand times'보다는 'Maybe I did it about 1,000 times'가 더 보기 좋은 문장이다.

10) 무리하게 수동태를 고집하지 말자

수동태 표현을 너무 많이 쓰는 경우도 문제가 될 수 있다. 사실 수동태 표현은 정말 수동적으로 일어난 일이나 아예 수동태가 숙어처럼 쓰이는 경우를 제외하고는 쓸 필요가 없다. 예를 들면 'I am interested in Korea'나 'He is tired because of his hard work' 또는 'He was killed by a crazy murderer'와 같은 표현은 어쩔 수 없겠지만 그런 것이 아님에도 불구하고 그냥 막연히 수동태를 쓰는 것은 좋은 습관이 아니다. 'She finished my homework'를 굳이 'My homework was finished by her'라고 쓸 필요는 없다는 뜻이다. 웬만하면 이런 식의 수동태 문장은 피해야 한다. 그래야 명확하게 의미를 전달할 수 있다.

11) 가장 중요한 것은 많이 경험하고, 많이 읽고, 많이 받아적는 것

앞에서 설명한 것과 같이 영어 학습에 있어서 가장 중요한 것은 취사선택이다. 선택과 집중을 하지 않으면 자칫 영어 학습에 흥미를 잃게 되고 조금씩 멀리하게 된다. 언어라는 것은 멀리하면 할수록 점점 더 멀어지고 가까이하면 할수록 새로운 길이 보이고 흥미가 배가 되기 때문이다.

영화, 소설, 시, 수필, 스포츠, 연애 등 내가 좋아하는 것이나 취미 가운데 가장 관심 있는 대상 하나를 정해보자. 그다음 관심 있는 대상과 관련된 영어 표현 중에서 마음에 드는 표현을 하나씩 골라서 적어 놓고 노트를 만들어 보자. 많이 경험해야 비로소 내가 정말 좋아하는 것을 찾을 수 있는 것처럼 내가 가장 좋아하는 것을 정해놓고 많이 경험하고 읽고 생각해 보는 것이다. 내가 좋아하는 것 중에서 나에게 가장 잘 맞고 편한 것들을 골라 나만의 영작 노트를 만들어 보자. 영작 노트를 하나씩 작성하다 보면 앞으로 영어로 어떤 글을 쓰든, 어떤 표현을 하든 항상 도움이 되는 마스터 노트가 완성될 것이다. 이런 방식으로 처음부터 내가 좋아하는 것을 통해 익히다 보면 이제까지 경험하지 못한 새로운 영어 학습의 길이 보일 것이다.

받아 적은 영어 문장이나 표현은 내가 원하는 상황이나 SNS에 한 번 더 활용해 보자. 언어를 통해 다른 사람들의 이목이나 관심을 받게 된다면 영어를 정복하는 데 큰 힘이 될 것이다. 내가 쓰는 언어나 표현으로 남들에게 칭찬을 받거나 중요한 사람들에게 관심을 받게 되면 영어 학습이나 영작의 중요한 동기부여가 될 것이다. 내가 좋아하는 사람들에게 내가 좋아하는 표현을 계속해서 써 보고 피드백을 받아보자.

예를 들어 내가 좋아하는 이성에게 고백하기 위해 영어를 쓰고 싶을 때 혹은 외국인 이성을 좋아하거나 대화를 해야 하는 자리가 생겼다고 가정해보고 영화, 소설에 나오는 감동적인 표현을 적어 놓고 활용해보자. 주변에 도움을 얻거나 수소문을 하여 소개받는 방법도 좋고 외국인들이 많이 다니는 동네에 가서 무턱대고 말을 걸어보는 것도 좋다. 내가 좋아하는 문장을 공유하고 그 문장이나 표현을 상대방도 좋아하는 것을 경험하게 되면 영어 학습에 대한 동기는 더 커질 것이다.

'I am so into you'라는 문장이 있다. 이 간단한 문장을 상대방에게 쓰기 위해서는 상대방과의 소통이 필요하다. 하지만 이 단어를 누군가에게 쓰게 되면 상대방의 반응을 어떨지 상상만 했던 것 이상으로 흥미를 느낄 수 있다. 즉 정말 중요한 것은 호기심이며 외국어를 배우기 위해서는 그 나라에 대한 호기심, 그 나라 사람에 대한 호기심이 가장 중요하다.

12) 어휘력은 언제나 가장 중요한 소스(Source)

한국 사람들이 말을 잘한다고 해서 모두 글을 잘 쓰는 것은 아닌 것처럼 영어 역시 말을 잘한다고 해서 영어로 된 글을 다 잘 쓰는 것은 아니다. 이것은 원어민들도 마찬가지이다. 영어 글쓰기는 그야말로 꾸준히 노력해야 하고 많이 접하고 관심을 가져야만 발전한다. 그렇다면 어떤 방법으로 꾸준히 접해야 할까? 필자는 이 질문에 대한 답변을 이 책의 두 번째 장에서 구체적으로 제시하고자 한다. 미리 얘기하자면 좋은 문구 등을 보고 자기만의 노트에 적어 놓는 습관이 매우 중요하다고 하겠다.

책을 많이 읽은 사람들은 표현이 어색하더라도 글은 잘 쓸 수 있는 소스를 많이 가지고 있다. 남들이 했던 표현을 그대로 자기 것으로 만들려면 읽는 것뿐 아니라 자기만의 방식으로 외우고 익숙해지도록 많이 써봐야 한다. 여기서 포인트는 좋은 표현이나 문구 등을 보고 이 표현을 내가 좋아하는 방향으로 연결하고 활용해보는 연습이다. 예를 들면 여자 친구에게 기가 막힌 표현을 해서 호감을 사고자 한다면 시나 연애소설을 읽고 명언 혹은 감동적인 문구를 적어 놓거나 사진을 찍어 보관해보자. 그 문장을 다시 찾아보고 그 표현을 자기만의 언어로 재해석하고 대입하여 활용한다면 그 사람의 어휘력은 조금씩 발전할 것이다. 언어능력의 발전에 가장 중요한 요소는 바로 '동기부여'이기 때문이다.

외국인이 한국에 와서 영어를 가르치다가 마음에 드는 한국 여성을 만나 연애를 한다고 가정해보자. 언어의 장벽을 넘어서기 위해 처음에 여자는 영어로 대화를 시도하다가 화가 나거나 싸우면 한국식 영어를 말하고 결국 한국말을 쓰게 된다. 대부분의 외국인 남자친구는 결국 한국말을 배우게 된다. 이러한 현상을 '미러링 효과Mirroring Effect'라 한다. 미러링 효과란 상대방의 행동이나 말을 거울처럼 따라 하는 현상을 뜻한다. 이성 간에는 좋아하는 이성이 하는 행동, 언어, 말투 심지어는 사고방식까지 따라 하는 형태로 나타난다. 미러링 효과로 인해 여자가 연애할 때 사용하는 언어에 대해 남성은 호기심을 갖게 되고 이는 곧 언어 습득의 엄청난 동기부여와 원동력이 된다.

미러링 효과를 통한 동기부여의 예처럼 남들이 써놓은 글에 대해 지속적으로 관심을 가지려 노력한다면 영어 학습의 원동력이 될 것이다. 그러므로 글을 잘 쓰기 위해서는 글을 쓰고자 하는 목적을 염두에 둬서 이와 부합하는 글을 읽고 마음에 드는 부분을 따로 캡처하거나 적어 놓고 그 부분을 자기 것으로 만들어야 한다. 이 과정은 영어 에세이를 쓰는데 필수적이며 가장 효율적인 방법이다. 다음 절에서는 올바른 동기부여를 설정하는 과정에 관해 설명하고자 한다. 이 과정을 체험하면서 영어 에세이를 잘 쓰는 방법을 저절로 습득하게 되는 신기한 경험을 하게 될 것이다.

05 에세이 쓰기 전 준비 운동!
동기부여가 가장 중요하다

에세이 작성 전에 반드시 선행되어야 할 작업은 중심 키워드를 정하고 기초적인 구성을 짜는 것이다. 에세이를 쓰는 사람의 지식이나 단어의 폭이 제한적이라면 글의 깊이가 얕아질 수 있다. 나아가 독자가 깊은 사고를 할 수 없어 에세이의 휘발성이 높아진다. 이와 같이 많은 언어학적 지식을 토대로 할 때 좋은 에세이가 나온다. 그렇다면 어떻게 해야 많은 언어학적 지식을 쌓을 수 있을까?

영어 지식을 쌓는 가장 효과적이며 기초적인 방법은 바로 본인 스스로 동기부여를 하는 것이라 할 수 있다. 아래에서는 동기부여를 위해서 필요한 기본적인 몇 가지 방식을 소개하고자 한다.

목표를 정하자(Set a goal)

목표 설정은 동기부여의 여러 방법 가운데 가장 중요한 시작점이다. 반드시 거창한 목표를 세울 필요는 없다. 소소하지만 일상과 밀접하게 관련된 목표, 실행 가능한 현실적인 목표를 세우는 것이 중요하다. 가장 중요한 것은 일단 써 보는 것이다. 사실 목표라는 것은 세부적인 실행 계획Action Plan에 따라 얼마든지 변경될 수 있다. 따라서 목표에 대해 써 보고 생각을 정리해 보아야 한다.

예를 들어 직장인은 상사에게 받은 프로젝트 수행, 마케팅 리서치, 해외 영업, 해외 거래처를 확대 등의 현실적인 목표를 세울 수 있다. 이러한 거창한 목표 외에도 내가 좋아하는 이성 혹은 친해지고 싶은 외국인과의 소통을 위해 영어 공부를 하는 것도 좋다.

일단 거래처와 관련한 목표를 수립했다고 가정해보자. 먼저 거래처에 내가 하고 싶은 말을 무작정 단어로 열거해 보자. 이때 내가 좋아하는 표현을 사용하여 스스로 흥미를 잃지 않는 것이 가장 중요하다. 즉 내가 가장 좋아할 수 있으며 지속 가능한 목표를 세워야 한다. 그래야 지치지 않고 계속해서 동기부여를 할 수 있기 때문이다.

목표가 없다는 것은 회사에서 마감이 없는 프로젝트를 수행하는 것과 마찬가지이다. 어디로 가야 할지 방향을 잃기 쉽다. 그러므로 현실적으로 닥친 일을 해결하기 위한 목표 혹은 조금 더 장기적인 목표를 세워 그것을 이루기 위한 실행 계획을 세워보자. 설사 중간에 목표가 바뀌더라도 초기 목표를 정하는 것은 중요하다. 목표를 조금씩 수정하는 것은 좋은 현상이며 어떤 목표를 설정하더라도 영어 에세이를 터득하고 영어와 좀 더 친숙해질 수 있을 것이다. 나아가 회화나 원서 혹은 영어 기사를 읽는 등의 활동에서도 목표를 이루기 위해 했던 노력은 절대적인 역할을 할 것이다. 목표를 세웠을 때 영작이 좀 더 즐거워지는 이유는 긍정적으로 미래를 바라볼 수 있기 때문이다. 하지만 중요한 것은 '왜 영작 혹은 영어 에세이를 잘 써야 하는가', '왜 영작이라는 것을 배워야 하는가'에 대한 자신의 확실한 답이 있어야 한다는 점이다.

영어 학습의 성공으로 향하는 길에는 다양한 장애 요소가 있다. 그중 하나는 막연하고 추상적인 목표 설정이다. 추상적인 목표 설정은 영어 학습을 시작하는 모든 사람이 경험하는 과정이다. 영어 학습의 시작 단계에서는 무엇을, 얼마나, 어떻게 학습해야 하는지 모르기 때문이다. 추상적인 목표 설정이 영어 학습을 포기하게 만드는 이유는 대체로 다음과 같다.

- 동기부여의 부족으로 연결됨
- 학습 시간에 대한 인식 부족과 오해
- 효율적인 시간 관리의 어려움
- 학습 방법에 대한 고민 부족
- 영어적인 사고방식에 대한 거부감

물론 추상적인 목표를 설정했거나 목표를 설정하지 않아도 상당 수준의 영작 실력에 이르는 사람도 있을 수 있다. 이들은 대부분 다음의 경우에 해당할 것이다.

- 이민, 유학을 통해 영어권 국가에서 생활하는 사람
- 어릴 적에 영어 작문을 시작한 사람
- 업무 환경에서 영어를 매일 사용해야 하는 사람
- 영어 전공 혹은 관련 업계 종사자 가운데 영작의 중요성을 경험한 사람
- 이미 영어 에세이에 대해 고등학교 혹은 대학 시절에 고민한 후 다양한 방법으로 개선하려 노력한 사람

위 사람들에게는 공통점이 있다. 영어에 대한 노출 시간이 대학생이나 직장인 등 일반 성인이 가질 수 있는 시간보다 훨씬 많다는 점이다. 거기에 주변 환경을 통해 지속적으로 동기부여가 이루어지고 학습에 대한 긍정적 부담감을 느낄 수 있다는 점도 공통점이다.

그렇다면 이제 막 영작 공부를 시작했거나 기간이 얼마 되지 않은 학습자는 어떻게 목표를 설정해야 할까? 결론부터 말하자면 학습자가 처한 환경이나 주변에서 쉽게 찾을 수 있는 부분을 목표로 설정하면 된다. 여기에는 여러 가지가 있을 수 있는데 몇 가지 예를 꼽자면 아래와 같다.

- 영어 에세이 테스트 성적
- 영어 에세이를 잘 쓰고 많은 관심 있는 사람을 정해 그와 비교해 목표를 설정
- 학습 자료 이해의 정도(쉬운 미국 드라마 자막 50% 이해하기, 관심 있던 소설을 영어 원문으로 읽고 인상 깊은 구절 메모하기)
- 영작 학원의 커리큘럼(1년 안에 최고 레벨에 올라가기 혹은 영어 논문 도전하기)
- 영어 분류와 연상법을 통해 문장 만들기 연습

목표는 단기1년 이내와 장기로 나누어 설정하는 것이 좋다. 하지만 영작을 위한 학습 기간이 얼마 되지 않은 경우는 장기적으로 어느 정도 실력 향상이 가능한지 모를 수 있으므로 이때는 단기 목표를 설정하는 것이 좋다.

연말, 연초가 되면 대부분 기업은 한 해 동안의 실적을 평가하고 새해의 목표 및 계획을 수립한다. 개인의 영작 학습은 그와 같이 조직적일 필요는 없지만 자신이 투자한 시간과 목표에 비교한 발전 정도는 수시로 확인하는 것이 영작 실력을 향상시키는 효과적인 방법이다.

06 영작을 위한 목표 설정
10가지 팁

1) 에세이와 영어 작문이 능숙하게 되면 할 수 있는 것들을 상상해 보자(1년 단위)

2~5년의 장기 목표를 세우는 것도 좋다. 하지만 1년 단위의 목표를 수립하는 것도 좋은 방법이다. 우리 삶의 모든 패턴이 1년을 주기로 반복하기 때문이다. 먼저 한 달간의 단기 목표를 잡고 같은 패턴을 12번 반복해보자. 그리고 한 달마다 내 실력의 발전 정도를 점검해보자. 언어는 반복해서 연습했을 때 그 학습 속도가 탄력을 받는다. 그런 의미에서 1년은 결코 짧은 시간이 아니다. 그리고 이 기간은 영어 습관을 만드는 중요한 주기cycle가 될 수 있다. 앞서 언급했듯 영어 에세이 학습에서 가장 중요한 것은 영어로 생각하고 연상하며 생각을 정리하는 습관이다. 짧은 문장, 명언, 맘에 드는 책의 구절을 몇 가지 외워 글쓴이가 그 글을 쓴 과정을 생각해 보고 따라 해 보자. 이렇게 1년을 하게 되면 영작은 더 이상 어려운 과제가 아닐 것이다. 영작은 나도 모르는 사이 나의 생활에 가까이 와 있을 것이다.

한 달 후에 나의 작문 실력이 어느 정도 발전할지, 어느 정도의 글을 쓸 수 있을지 상상해 보자. 그리고 훈련을 반복했을 때 1년 후에 발전된 나의 영작 실력과 어떤 곳에서 나의 발전된 실력을 발휘할지 상상하자. 사실 영작이 늘었다는 것은 영어 실력으로 전체로 치면 엄청나게 발전한 것이다. 이 훈련을 계속한다면 영어 말하기나 토익 등 시험 성적의 상승은 물론 영어를 몇십 년 해도 늘지 않았던 사람도 영어에 대한 자신감과 실력이 함께 향상되는 효과를 경험할 것이다. 이와 관련해서는 "계속해서 상상하고, 계속해서 고민하고, 계속해서 노력하라"라는 말이 가장 적합한 표현일 것이다.

고려할 점은 한 달씩의 목표가 보다 구체적일수록 효과가 크다는 것이다. 가령 '한 달 후 자신감을 가지고 영작을 잘할 것이다'는 목표는 특별한 동기부여나 영감을 주지 못할 것이다. 우리는 더욱 구체적인 목표를 가지고 움직여야 한다.

필자가 뒤에 설명할 마스터 플랫폼Master Platform이 구체적인 목표를 설정하는 좋은 방법 중 하나가 될 것이다. 이 책을 구매해 영어 에세이를 한 달에 3개씩 꾸준히 써 보고 그 에세이를 통째로 외우거나 익숙해질 때까지 읽어보자. 그렇게 한다면 당신의 영어 실력은 어쩌면 지난 10년 동안 노력해 쌓은 것보다 더 많이 향상될 수 있다.

특정 목표   ▼

한 달 동안 내가 좋아하는 구문을 이용해 다양한 주제의 영어 에세이 쓰기
(주제별로 3개의 에세이 쓰기)

2) 단기 목표를 세우자(3개월 혹은 6개월 단위)

1년의 목표를 세웠다면 그다음은 단기 목표를 설정하고 마스터 플랫폼을 다듬어보자. 한 달 동안 5개의 주제로 매주 에세이를 2장 정도 작성해 보고 나의 실력을 검토해본다면 대략 2~3개월 단위, 좀 더 길게는 4~6개월 단위로 학습량을 설정할 수 있을 것이다.

단기 목표는 장기 목표를 정하고 그 아래에 실행하는 직접적인 학습 스케줄이나 학습 과정과 관련된 것이 좋다. 이 정도의 단기간에는 눈에 띄게 실력이 향상되기 어렵기 때문이다.

특정 목표   ▼

매주 어느 정도 분량의 작문을 할 수 있는지 한 달 동안 검토 해보자. 그리고 그 글에 사용되는 구문, 표현, 단어, 단락 등을 스스로 첨삭해보고 학습량을 정해보자. 매달 같은 양을 학습하는 것이 중요하다.

3) 하루의 학습 목표를 정하자

하루의 학습 목표를 정하는 것은 바쁜 일상에서 스스로 시간을 쪼개 학습할 수 있도록 도와준다. 틈새 시간을 이용해 내가 좋아하는 단어나 표현을 나만의 노트에 기재해보자. 예를 들어 '시간이 될 때마다 영작 노트를 작성하자'는 것처럼 효과적인 하루의 학습 목표를 세워보자.

하루 단위의 특정 목표 ▼

집중 학습 2시간(학원, 직장, 집) + 틈새 시간 학습 2시간(출퇴근, 휴식 시간 등)

아래 4~10번은 위와 같은 장기, 단기, 하루 단위의 목표를 세울 때 고려해야 할 사항들을 정리한 것이다. 기간에 상관없이 목표를 설정할 때 아래 항목들을 반영하도록 하자.

4) 실현 가능한 목표를 정하자

학습에 열정이 많은 것도 좋지만 그 열정으로 인해 과도한 목표를 설정하는 것은 금물이다. 영작이라는 것은 오랜 시간에 걸쳐 나의 능력을 활용하고 다지는 작업이 필요한 일이다. 단기간의 학습으로 초보에서 상급, 상급에서 원어민 수준이 된다는 것은 절대 불가능한 일이다.

이제 막 한국에서 영작 학습을 시작하는 사람들이 세울 수 있는 목표 중 하나는 유학을 다녀오거나 외국에서 학부를 졸업한 주변 사람들의 수준까지 실력을 향상하는 것이다. 한국에서 그만큼의 수준에 도달하는 것은 결코 쉬운 일이 아니지만 이 책에 나와 있는 핵심 구문들을 외우고 꾸준히 자기 것으로 만든다면 목표를 이룰 수 있을 것이다. 이 책과 함께 차근차근 단계를 밟아 나아가 보자.

5) 현실적인 목표를 세우자

실현 가능한 목표 수립과 도전적인 목표 수립은 어찌 보면 역설적인 것으로 느껴질 수도 있다. 실현할 수 있으면서 도전적인 목표에는 객관적인 답이 정해져 있지 않다. 실현 가능한 목표는 어느 정도 결과를 점검할 수 있고 눈으로 볼 수 있는 실력 향상을 의미한다. 반면 도전적인 목표는 동기를 부여하고 학습할 때 집중할 수 있도록 돕는 역할을 한다.

외국에서 어학연수나 학위 공부를 하는 학생들은 수시로 영어 에세이에 도전적인 목표를 수립하여 실행하고자 한다. 하지만 막상 어떤 것부터 시작해야 할지 막막할 수 있다. 이는 그들이 자신이 원하는 전공 공부나 진학 등을 이루기 위해 매일 도전적인 목표를 달성해야만 하는 상황에 직면해 있기 때문이다. 1~2달 이내에 원어민 수준이 되겠다는 비현실적 목표를 갖기보단 자기만의 영작 노트를 만들어 그것을 가지고 한 걸음씩 밟아 나가는 것이 현실적이다.

6) 삶의 습관을 바꾸고 학습 스케줄을 정하자

본업이 영작 학습과 직접 관련되어 있지 않으면 영작 노트를 작성하는 일 등은 기존까지 해오던 개인의 생활에 많은 변화를 초래할 수 있다. 영작 학습에는 목표, 열정, 끈기 등 중요한 요소들이 있지만 결과적으로 시간을 들여 노력해야만 실력이 향상된다. 그러므로 시간을 최대한 확보할 수 있는 생활 방식이 요구된다. 수많은 사람이 영어에 대해 고민하며 최소한 학원이나 온라인 강의라도 들으려고 한다. 그러나 지하철이나 버스에서 남는 시간에 영어책을 보는 사람은 여전히 흔치 않다. 그래도 나만의 영작 노트를 갖고 다니면서 짬짬이 한 문장씩 만들어 보자. 내가 만든 문장을 써서 가장 나다운 글을 써 보자. 그러면 그 글에 애착이 생기고 영어 구문에 관한 관심이 하나, 둘씩 생기게 될 것이다.

개인마다 추구하는 바가 다르고 삶을 살아가는 방식도 다르다. 하지만 영어 구문을 통해 영작에서 좋은 결과를 얻으려 한다면 학습 시간을 얻기 위해 자신의 평소 습관에서 개선할 부분이 없는지 점검해보아야 한다. 이처럼 생활 방식을 변화하여 영작을 공부하려고 할 때 가장 쉽고 효율적인 공부 방법으로 자신이 만든 문장을 틈틈이 사용하는 시간을 갖는 것을 추천한다. 예를 들면 친구와의 대화, 메신저, 어플리케이션에서 내가 만든 문장을 써서 채팅하는 방법이 있다. 친구와 영어 대화를 주고 받아보면 직접 만든 문장을 통해 소통하는 경험을 할 수 있고 그로써 영어에 대한 동기 자체를 끌어올릴 수 있다.

7) 자기 주도 학습 스케줄을 정하자

많은 사람이 가지고 있는 잘못된 생각 중 하나는 영어 학원이 자신의 영작 실력을 원하는 만큼 향상시켜 줄 수 있다는 것이다. 영어 학원은 훌륭한 영어 학습의 도구가 될 수는 있지만 외국에서 생활하며 언어를 배우는 것과 같은 환경을 제공해줄 수는 없다. 언어학이 가지고 있는 특성상 내가 자발적으로 공부하는 것과 학원에서 도와줄 수 있는 것은 학습의 효율성면에서 많은 차이가 있다. 즉 내가 영어를 쓰는 버릇을 들이고 내가 가지고 있는 구문으로 영작을 계속해야 생활 속에서 영어가 묻어 나올 수 있다. 그리고 특히 한국에서는 영어 에세이를 체계적으로 가르치는 학원이 전무하며 이와 관련한 인력의 질과 양이 턱없이 부족하다.

8) 입력/출력 학습이 조화로운 스케줄을 정하자

입력 학습Input Learning과 출력 학습Output Learning을 조화롭게 하는 것은 영작 실력을 향상하는 데 매우 중요한 요소이다. 내가 구문을 고르고 외우면 추가적으로 응용하게 되고 결국 내 머릿속에 영어 에세이에 대한 비중이 점점 커지게 된다. 일반적으로 입력 학습은 우리가 이야기하는 '공부'나 '학습'이라고 표현을 할 수 있다. 내가 학습할 문장이나 구문을 직접 고르고 외우는 것은 아주 효과적인 입력 학습 중 하나이다. 출력 학습은 언어 사용을 위한 훈련과 관련이 있다. 이 두 가지가 함께 되어야 효과적인 언어 학습이 될 수 있다.

우리는 영어 에세이에 대한 기초가 없거나 영작이 미숙한 영어 강사를 쉽게 찾을 수 있다. 수년 동안 영어회화를 학습했음에도 불구하고 실력이 어느 수준 이상 향상되지 않는 학습자도 있다. 이 경우 여러 가지 원인이 있겠지만 입력 학습과 출력 학습의 부조화에서 비롯된 경우가 상당수이다. 내가 아는 지식, 특히 언어학적 지식은 활용하지 않으면 퇴색하고 괴사하게 된다. 따라서 내가 알고 있는 그리고 자주 쓰는 구문을 활용하여 영어에 대한 두려움을 없애고 생활 속에 영어를 가까이하는 것이 필요하다.

어떤 학습자는 남들 앞에서 실수할까 봐 영어로 이야기하는 것을 꺼린다. 이런 학습자들에게는 출력 학습이 쉽지 않을 것이다. 반대로 어떤 학습자는 다른 사람과 영어로 소통하길 원하지만 스스로 해야 하는 입력 학습에 대해서는 지루하거나 귀찮게 느끼곤 한다.

9) 비슷한 단계, 더 높은 단계의 사람과 함께하는 학습을 꾀하자

요즘엔 영어 학습 동호회나 스터디 그룹을 어렵지 않게 찾을 수 있다. 시간이 항상 모자란 직장인에게는 비교적 제한적이지만 조금만 노력한다면 함께 학습할 동료를 찾는 것은 어렵지 않다. 따라서 스터디 파트너를 정해서 서로 좋은 문장을 공유하며 활용해 보고 서로 피드백을 주는 것을 추천한다. 이 방법대로 함께 연습해보면 눈에 띄게 서로의 영작 능력이 향상되는 것을 느낄 수 있을 것이다. 함께 학습하는 것은 재미를 줄 수도 있고 동기부여를 할 수도 있으며 인맥 형성에도 도움을 준다.

다만 한 가지 주의할 점은 되도록 비슷한 수준이나 자신보다 나은 수준의 학습자를 만나는 것이 효과적이다. 또한 서로의 영작 노트는 공유하지 않는 것이 좋다. 주변에 자신보다 높은 수준의 학습자가 없다면 원어민 혹은 외국인과 함께 학습하는 방법을 추천한다.

10) 좋아하는 학습 방법을 선택하자

이제는 영어 학습 방법을 접할 수 없어 공부할 수 없다고 하는 사람은 거의 없을 것이다. 무료 학습자료가 넘쳐나고 기술 덕택에 온라인을 이용한 다양한 학습 방법을 접할 수 있기 때문이다. 오히려 때로는 너무 많은 방법이 있어 고민되곤 하는데, 이럴 때는 자신이 좋아하는 방법으로 이기적인 선택을 하는 것이 효과적이다. 예를 들면 미국 드라마는 여러 가지 측면에서 영작이나 영어 노트 작성에 도움이 되지만 모든 학습자에게 도움이 되는 것은 아니다. 자신이 선호하는 학습 방법을 선택하는 것은 오랫동안 지치지 않고 학습할 수 있는 원동력이 된다.

흔히 영어는 평생 공부해야 한다고 말한다. 그러나 아무런 소득이 없이 영작 공부를 평생 할 수 있는 사람은 거의 없을 것이다. 20대에는 대학생활을 하면서 바쁘지만 30대에는 사회생활을 하면서 더 바쁘게 되고 40대에는 사회생활과 함께 가족을 돌봐야 하니 더더욱 바쁘게 된다. 자신의 삶에 영작법 공부가 주는 혜택이나 변화가 없다면 모자란 시간을 쪼개 영어에 투자하기는 절대 쉽지 않은 일이다.

평생 걸릴지도 모르는 영작 학습 과정에서 발전의 변화를 느끼고 내 삶의 목표에 조금씩 다가가기 위해서는 영작 노트 역시 전략적으로 계획할 필요가 있다. 구체적으로는 위와 같이 학습 목표를 설정하고 그에 따라 계획을 세우는 것이 가장 효율적일 것이다.

07 영어 에세이가 먼저 돼야 말하기, 읽기, 듣기도 된다

영어 에세이와 영작문은 영어 공부의 가장 중요한 플랫폼이다. 그 이유는 말하기, 읽기, 듣기와 달리 기록할 수밖에 없기 때문에 반복 학습이나 복습에 용이하다는 점과 영어 문장을 쓸 때 나만의 방식으로 표현함으로써 다른 어떤 방식보다 머릿속에 오래 남을 수 있다는 점 때문이다.

학창시절 숙제나 벌로 '깜지'를 써 본 경험은 누구나 한 번쯤 있을 것이다. 반복해서 무엇인가를 쓰다 보면 도중에 집중력을 잃기 마련이다. 하지만 기계적으로 쓴 내용이라 하더라도 다음에 그 결과물을 읽었을 때 성취감과 책임감을 느낄 수 있다. 내가 쓴 내용에 대한 집중력이나 학습에 대한 동기부여가 촉발될 수도 있다. 즉 내가 무엇인가의 결과물을 완성했다는 성취감 자체가 학습의 동기가 되는 것이다. 영어 공부를 할 때도 내가 쓴 글씨와 내가 생각해낸 나만의 글이라는 결과물은 상당히 의미 있는 것으로 다가온다. 이 결과물들을 기반으로 학습을 지속한다면 언어를 습득하는 데 상당한 효과를 볼 것이다. 다른 학문도 마찬가지지만 내가 직접 참여하여 결과물을 내는 것은 특히 언어학에서 가장 중요한 학습 방식이다. 그 가운데 결과물을 눈으로 볼 수 있는 영어 에세이와 영작문은 가장 강력한 학습 효과를 낼 수 있다.

위와 같은 방법으로 영어 에세이와 영작문의 동기를 부여하고 계속해서 학습하며 우리는 자신이 쓴 글을 지속적으로 다듬고 발전시킨다. 이때 나도 모르게 그 문장들이 내 머릿속 깊은 곳에 각인되는 경험을 한다. 이러한 과정이 반복되다 보면 말하기나 독해를 위한 소스들이 풍성해져 하루가 다르게 영어 능력이 향상될 것이다.

언어학에서 말하는 입력 값과 출력 값의 조화를 맞추어 학습하는 것은 언어 능력을 지속적으로 발전시킬 수 있는 가장 최적화된 방법이다. 영어를 말하거나 읽는 학습 방식은 휘발성이 강하다는 특징을 가지고 있다. 즉 영어 말하기 · 읽기는 머릿속에 입력한 값에 비해 출력할 수 있는 값이 적다. 그러나 영어를 손으로 쓰는 방식은 출력물로 남을 뿐 아니라 머릿속에 1차로 학습되고 기록하는 과정에서 2차로 학습되기 때문에 훨씬 휘발성이 낮다. 그러므로 영어 구문이나 단어도 머릿속에 더 많이 남는다. 나아가 입력되는 지식과 더불어 자신이 응용하는 과정에서 상상력이 발휘되기 때문에 머릿속에 더욱 선명히 기억된다.

영어 학습에서 가장 중요한 것은 플랫폼의 구축이다. 요즘 주목되는 영어 학습법 중 암기와 관련된 것이 많다. 이 또한 같은 맥락으로 머릿속에 나만의 영어 학습 플랫폼을 구축하여 응용하는 방식이다. 하지만 단순히 다른 사람이 집필해 놓은 영어 교재나 영어 구문을 이용하여 플랫폼을 구축하는 것보다 내가 직접 실생활에서 필요한 표현이나 구문을 만들어 그것을 토대로 응용하는 방식이 더 효율적이고 오랫동안 기억에 남으며 활용도 면에서도 뛰어나다. 실제로 자주 이용하는 플랫폼을 구축하여 이것을 토대로 말하기, 읽기, 듣기에도 활용한다면 훨씬 효율적인 학습을 할 수 있다.

이 책의 두 번째 장에는 필자가 10년 동안 고르고 엄선한 영어 구문 221선이 정리되어 있다. 이 가운데 자신이 자주 사용하는 표현을 사용해 A4용지 2~3장 정도의 에세이를 써볼 것을 추천한다. 필자가 엄선한 구문만을 이용하고 단어나 동사나 표현들을 자유롭게 바꾸어 가장 자연스럽게 글을 완성하면 된다. 또 주제를 바꾸어 세 가지 정도로 만들어 보자. 내가 무역회사에 다니고 있다면 무역용어를 사용하여 바이어에게 보내는 메일을 써 보는 것도 좋고 교육 관련 업무에 종사한다면 교육문제와 관련하여 써 보는 것도 좋다. 여기서 팁을 주자면 입시생들이 토플이나 아이엘츠IELTS 등의 시험을 단기간에 정복해야 한다면 필자의 엄선 구문을 이용하여 세 가지 주제의 에세이를 써 보는 것을 추천한다.

필자의 또 다른 팁을 공개하자면 외국어 관련 시험을 준비하는 경우, 시험에 응시하는 수험생이 영어권에 살고 있지 않다는 점에 유념하여 주제를 '다문화'와 연관하여 풀어나가는 연습을 해보자. 그러면 어떤 영어 쓰기나 말하기 시험에도 대비할 수 있을 것이다. 예를 들어 교육 관련 주제가 나온다면 다문화 교육과 관련하여 문화적 차이를 나만의 유연성Flexibility이나 문화 적응력Cultural Intelligence 등으로 극복했다는 방식으로 풀어나가면 된다. 환경이 주제로 나온다면 나라별로 환경에 대한 시각이 다른 것은 문화에서 나오는 견해 차이라고 설명하고 다른 문화권 학생과 환경문제를 토론했다는 내용 등을 기술할 수 있다. 마지막으로 행복이 주제라면 외국인들과 행복에 관해 이야기했던 경험이나 한국과 외국의 행복지수의 차이의 원인에 대해 문화적 다양성에 따라 행복이 기준이 다양하다는 등의 이야기를 풀어낼 수 있다.

이처럼 내가 좋아하는 문장이나 구문 하나를 마스터 키로 디자인하여 마스터 플랫폼을 만들고 다양한 주제에 접목해 응용해보자. 그러다 보면 많은 단어를 외우게 되고 영어 말하기 실력도 향상되어 자신감을 얻을 수 있다. 그리고 내가 사용하거나 외운 마스터 플랫폼이 영어 지문에 있는 경우도 많기 때문에 영어 독해능력도 상당히 향상될 것이다. 영어 듣기도 마찬가지이다. 내가 평소에 자주 쓰는 마스터 플랫폼의 단어나 문장이 나오면 익숙하게 들릴 것이고 이러한 단어와 문장들은 점차 뚜렷이 들리게 될 것이다.

08 나만의 '이기적인' 마스터 플랫폼을 만들어라

나만의 마스터 플랫폼을 만들어야 하는 이유는 영어 학습의 '입력 값' 중에서 내가 선호하고 자주 쓰는 관심 문장들을 선별하고 활용하여 '출력 값'을 최대화하기 위해서이다. 쉽게 말하자면 내가 만드는 마스터 키를 활용해 방대한 영어의 세계에서 나만의 영역을 확실히 구축하고 그 안에서 응용해 나가야 한다는 것이다.

중학교 때 배운 어휘와 문법만 확실히 숙지하여 머릿속에 있다면 외국인과 대화하는 데 전혀 문제가 없다. 심지어 중학교 영어만 알아도 외국에 나가 생활하는 데 아무런 불편함이 없다는 말이 있을 정도이니 영어 학습에도 '선택과 집중'이 중요하다는 사실을 알 수 있다. 영어 학습 중 영작의 가장 큰 실패의 원인은 그동안 교육받은 것들이 머릿속에 남지 않았기 때문이다. 많은 양의 문법, 단어, 구문 등을 선별 없이 받아들였고 휘발성 강한 학습을 반복한 결과이다.

영어 학습을 할 때 가장 중요한 점은 지극히 '이기적인' 영어를 해야 한다는 것이다. '이기적인' 영어 학습이라는 것은 어떤 의미일까? 이는 말 그대로 내가 좋아하는 문장, 단어, 구문, 표현, 주제만 공부하는 것이다. 넘쳐나는 정보를 모두 수용할 필요는 없으며 이 모두를 자기 것으로 만들 필요는 더더욱 없다. 원어민조차 평생 사용하는 단어가 5천 개를 넘지 않는 경우가 대부분이라고 한다. 하지만 국내의 입시생들이나 학생들은 너무나 많은 단어와 주제를 학습하고 독해하며 받아들이고 있다. 이 많은 분량을 자기 것으로 소화하는 것은 불가능하며 그래야 할 이유도 없다. 영어 학습을 할 때 나에게 어렵거나 미숙한 문장, 단어, 구문, 표현 등은 과감하게 버려라. 옛말에 '버리는 것'을 잘해야 살림을 잘한다는 말이 있다. 영어 공부 역시 마찬가지다. 내가 관심 없는 내용은 무시하고 크게 신경 쓰지 않아야 한다.

단, 내가 좋아하는 문장, 단어, 구문, 표현, 주제는 철저히 내 것으로 만들어라. 내가 좋아하는 것들은 적고 활용해야 한다. 나의 마스터 플랫폼에 내가 좋아하는 문장, 단어, 구문, 표현, 주제들을 하나씩 정리하고 영작할 때 활용한다면 그것들은 점차 나에게 스며들어 내 것이 된다.

영어 에세이를 써야 하는 가장 큰 이유 중 하나가 바로 여기에 있다. 내가 좋아하는 문장, 단어, 구문 등을 활용하여 나만의 에세이를 써 보는 것 자체가 이것들을 내 것으로 만들어 가는 과정이다. 그리고 그 플랫폼을 통해 더 많은 문장을 응용하고 터득하다 보면 나도 모르게 다양한 문장, 단어, 구문 등이 머릿속에 자연스럽게 스며들 것이다. 방식을 통해 수많은 이들의 영어 실력이 월등히 향상되었다. 이와 같은 결과는 '이기적인' 영어 학습법을 해야 한다는 필자의 주장을 뒷받침하고 있다.

이기적인 영어 학습을 위한 마스터 플랫폼을 디자인할 때 놓치지 말아야 하는 것이 있다. 하나의 완벽한 스토리, 즉 '기승전결' 혹은 '서론-본론-결론'의 구조를 가진 플랫폼을 디자인해야 한다는 것이다. 그리고 그 안에 있는 스토리는 나의 이야기가 담긴 것이 좋다. 나의 스토리가 녹아난 에세이에는 내가 좋아하는 문장, 단어, 구문 등이 들어가 있을 것이다. 그 문장들을 다른 방식으로 표현하고 말하고 응용해보자. 그러다 보면 나도 모르게 그 마스터 플랫폼에 애착이 생겨 내 머릿속에 뚜렷하게 자리잡게 될 것이다.

이제 나만의 플랫폼을 디자인해 보도록 하자. 먼저 서론은 이슈에 관심을 불러일으키는 내용이면 좋다. 요즘 많이 거론되는 내용을 삽입해 독자의 관심을 일으켜 보자. 그러나 더욱 중요한 것은 내가 관심 있는 주제가 들어가 있는 내용과 이슈여야 하며 이것이 '이기적인' 플랫폼이라고 할 수 있다. 내가 좋아하는 주제에 관해 쓰면서 '어떤 내용이 들어가는 것이 좋을까, 어떤 문장 구조를 쓰는 것이 좋을까' 고민해 보고 필자의 구문을 이용하여 문장을 만들어 보자. 아래에서는 필자가 좋아하는 주제인 환경문제를 예로 들어 문장을 써 보았다.

- **It is a generally accepted fact that the global warming is one of the most controversial issues these days.**
  지구 온난화는 요즘 가장 논란이 많은 이슈 중 하나라고 대부분 여겨지고 있다.

이 문장에는 통상적으로 자주 쓰이는 2개의 구문이 들어가 있다. 우선 첫 번째는 'It is a generally accepted fact that S(주어)+V(동사)~'로 that 이하는 보편적으로 사실로 받아들여진다는 것이다. 즉 요즘 이슈가 되고 있는 사실이라는 뜻이다. 문장을 이끌어가는 구조가 세련되며 많은 이야기를 할 수 있는 구문 중 하나이기 때문에 필자가 많이 애용하고 있는 구문이다. 다음으로 쓰인 'One of the most controversial'이라는 표현 역시 서론에 많이 쓰이며 긴장감을 일으키는 표현 중 하나이다. 여기에 다른 주제를 대입시켜도 얼마든지 많은 의미를 표현할 수 있다. 어떤 단어를 대입해도 어떤 문장을 대입해도 어색하지 않다.

본문에 들어가는 문장 또한 마찬가지이다.

- I anticipate some new problems will arise as a result of Trump's withdraw from Paris Climate Agreement.

  트럼프의 파리 기후 조약 탈퇴로 인해 생길 새로운 문제들이 있을 것으로 기대한다.

위 문장의 'I anticipate (that) some new problems will arise as a result of' 역시 통째로 외워서 of 뒤에 명사를 바꾸면 다양한 표현을 할 수 있다. 이 밖에도 다양한 표현이 가능한 구문 하나를 골라 그 안에 여러 주제를 대입하다 보면 좀 더 쉽게 작문을 완성할 수 있을 것이다. 또한 이것들을 하나씩 모아 마스터 플랫폼을 만들 수도 있다.

다음으로 결론에 들어가는 문장의 예를 들어보겠다.

- It goes without saying that the environmental pollutions should be treated as the most crucial agenda in the agreement between the countries.

  환경문제가 국가 간 조약에 있어서 가장 중요한 문제로 받아들여져야 하는 것은 당연한 일이다.

'It goes without saying that'이라는 구문은 서론에 많이 등장하는 구문으로 통념으로 받아들여지는 사실에 대한 묘사나 독자와의 공감대를 끌어내기 위한 중요한 장치이다.

교육문제, 인구문제, 문화적인 차이에 따른 이슈 등 몇 가지 주제를 정하고 본인이 자주 쓰는 단어와 표현을 통해 문장을 만들어 보자. 이를 플랫폼에 입력해 자주 쓰는 문장으로 기억해 보자. 그러면 그 단어, 표현은 나만의 영어 마스터키가 될 것이다. 이로써 더 다양하고 풍부한 표현을 할 수 있을 것이다.

마스터 플랫폼의 디자인과 어떤 방식으로 어떤 문장들을 써서 기록해 놓을 것인가는 개인적인 취향에 따라 다를 수 있다. 중요한 것은 그 플랫폼의 발효과정이다. 발효과정이란 내가 좋아하는 문장이나 표현들을 조금씩 다듬고 변형시켜 여러 응용형태를 만드는 것이다. 이 과정에서는 필요 없거나 사용하지 않는 문장들은 버리고 자주 쓰는 문장, 유용한 문장 위주로 계속 수정해 나가게 된다. 즉 좀 더 완성도 높고 압축적인 플랫폼을 만들어 많이 쓰지만 덜 익숙한 문장 위주로 플랫폼을 조금씩 수정해 나가는 과정을 거쳐야만 한다.

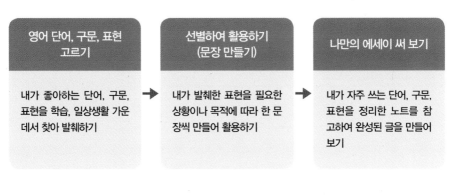

〈마스터 플랫폼 디자인 과정〉

09 왕초보를 위한 단기간 영어 에세이 마스터 전술!

단기간에 영어 에세이를 숙달할 수 있는 전술을 소개하기에 앞서 마스터 플랫폼의 활용방법에 대해 간략히 설명하도록 하겠다. 우리가 무언가를 피력하거나 어떤 현상을 설명할 때 상대방으로부터 그 의견에 대한 피드백을 받게 된다, 에세이 하나를 완성하게 되었을 때도 피드백을 받고 이를 바탕으로 또 다른 글이나 의견을 내기도 한다. 이때 나만의 마스터 플랫폼을 통해 영작 실력을 늘릴 수 있는 절호의 기회가 생긴다.

독자의 느낀 점 혹은 찬성·반대 의견을 수집하여 그것을 토대로 내가 쓴 글에 부가 설명을 달거나 반대 의견에 대한 방어 논지를 전개하는 등 다양한 방법으로 에세이를 발전시킬 수 있다. 또한 그와 연관된 수많은 문장을 만들어 나갈 수 있다. 이 과정에서 필자가 추천하는 구문들을 이용하여 다시 문장을 만들어 나가 보자. 물론 본인이 평소에 많이 쓰거나 접하는 구문, 단어를 사용하는 것도 좋다.

이렇게 만든 문장 중 마음에 드는 것을 다시 응용하여 다른 문장을 만들 수 있다. 이런 과정을 반복하다 보면 특정 주제에 대해 글을 쓰거나 영어로 말할 때도 자신감을 가지게 되고 나아가 수많은 주제에 대해 의견을 마음껏 표현할 수 있게 된다. 참으로 신기한 것은 어떤 주제가 나오든 공식에 내가 만들어 놓은 플랫폼에 맞춰서 대입만 하면 문장이 된다는 것이다. 이처럼 플랫폼을 사용해서 수백 개의 문장을 만들 수 있게 된다. 이런 과정을 반복하면서 사고의 폭도 넓어지고 지식도 생긴다. 그리고 자연스럽게 더 많은 정보에 대한 호기심과 관심이 생긴다.

이것은 어린 시절 단어를 떠올리면 그 단어가 어떤 동작을 하는지, 어떤 역할을 하는지 머릿속으로 상상해 동사를 생각해내고 그 동사에 목적어를 붙이며 부사를 붙였던 것과 흡사하다. 이는 '연상학습'과도 비슷하다. '연상학습'이란 머릿속에 한 단어를 떠올리고 이와 관련하여 추가로 연상되는 단어를 연결하고 그 단어 사이의 관계와 목적 그리고 떠오르는 이미지들을 추가로 추론하여 문장을 완성해 나가는 방식이다. 한 문장이 완성되면 그 문장을 토대로 관련된 문장을 소환하여 두 문장 간의 관계를 고민하고 그 관계를 설명하는 문장을 계속해서 생각한다. 그러한 방식으로 연관된 문장을 완성하는 과정을 반복하여 또 하나의 창의적인 에세이를 완성할 수 있다.

아래에서는 에세이의 창작과정에 대해 알아보고자 한다. 이는 크게 세 가지로 분류된다.

I think you
are becoming
the big girl.

나는 니가 장차 큰 일을 할 소녀라고 생각한다.

Big girls
don't cry.

큰 일을 할 소녀는 울지 않는다.

?

Crying good
for you mental health.

우는 것은 정신건강에 좋지 않다.

〈관계형 relationship 문장 소환 과정〉

crying
울음

effect of crying
우는 효과

?

crying is good for your health as it is considered
as the effect of removing the toxins.

우는 것은 독소를 제거해 주는 효과가 있어 건강에 좋다.

〈연상형 association 문장 소환 과정〉

SNS is necessary for
the modern society as
the communication is
the key characteristics
in the society.

SNS는 현대사회의 필수 요소가
되었으며 그 이유는 소통이 현대
사회의 핵심 특징이기 때문이다.

People should be
careful when posting
some contents in the
SNS as it can trigger
potential issues.

사람들은 컨텐츠를 올릴 때 신
중해야 한다. 잠재적인 문제들
을 야기할 수 있기 때문이다.

SNS is not good for
mental health in the
long-term.

장기적으로 보면 SNS는 정신건
강에 좋지 않다.

〈찬반론과 절충안 문장 소환 과정〉

필자가 제시하는 세 가지 방법 중 본인에게 더 익숙한 방법을 골라 문장을 완성하고 구문을 활용해 추가로 연상되는 문장을 만들어 보자. 여기서 주목할 점은 추가로 글을 쓸 때 본인이 기존에 쓴 문장에 쉽게 접근할 수 있어야 하며 동시에 너무 간단해서도 안 된다는 것이다. 최대한 길게 문장을 연장하여 다양한 표현을 머릿속에 입력할 수 있도록 지속적으로 훈련해야 한다.

　영어 에세이를 잘 쓰기 위해선 기본적으로 풍부한 상상력을 가지고 있는 것도 중요하지만 본인의 의견을 간결하면서 강렬하게 표현할 수 있어야 한다. 이를 위해 좋은 문장을 자주 접하고 따라해 자신의 것으로 만들어야 한다. 학창 시절에는 누구나 한 번쯤 친구나 선생님에게 수학 문제 풀이법을 물어보고 풀이과정을 옆에서 지켜본 적이 있을 것이다. 영어 에세이도 마찬가지이다. 잘 쓴 사람의 글을 모방하다 보면 나도 모르게 나만의 창의적이고 독창적인 표현을 터득하게 되고 잘 쓴 사람의 글을 응용하게 된다. 그리고 다른 사람의 글에서 좋아하는 문구나 표현을 머릿속에 입력해 마스터 플랫폼에 적어 놓고 활용한다면 나도 모르게 영작 실력이 향상되는 경험을 할 수 있다. 잘 쓴 사람의 글을 모방하는 것은 그 사람의 수많은 경험을 내가 간접적으로 체험해 보는 것이다. 그러므로 그 사람이 머릿속에 어떤 생각을 하고 있는지 글을 통해 짐작할 수 있으며 그의 생각을 흡수할 수 있다.

　이때 중요한 것은 다른 사람이 쓴 어려운 글을 모방하는 것이 아니라 소통하고 있는 글을 따라 해야 한다는 것이다. 그래야 유연성 있는 글쓰기 능력을 기를 수 있을 것이다. 좋은 글은 독자에게 다양한 생각과 간접 경험을 하게 해주는 글이다. 즉 좋은 글은 독자의 상상력을 자극하여 글 속에 담겨있는 여러 의미를 다양하게 생각하게 하는 글이다. 글을 읽고 독자는 자신의 경험을 토대로 선택적으로 인지하게 되고 그 과정을 통해 본인이 원하는 방법으로 해석하고 감동을 얻게 된다. 그러므로 단정적인 글보다 독자에게 최대한 많은 생각을 던져주는 글이 좋은 글이라 할 수 있다. 이 때문에 최대한 많은 표현을 연습하고 그 가운데 나만의 독창적인 영작법을 터득하는 것이 좋다.

　영작을 많이 해보지 않은 사람들을 위해 필자는 영작에 필요한 가장 기본적인 소스들을 공개하고 그 소스들이 어떤 방법으로 응용될 수 있는지, 어떻게 독자에게 감동을 줄 수 있는지 그 방법에 대해 다양한 예를 들어 설명하고자 한다. 필자가 엄선한 다양한 구문 중에 본인에게 가장 잘 맞고 활용성이 뛰어날 것 같은 구문들을 집중적으로 학습하고 활용하도록 해보자.

명심해야 할 점은 영작에는 왕도가 없다는 것이다. 하지만 속성으로 영작에 두려움을 없애고 자신감을 느끼고자 한다면 좋은 구문들을 활용하는 방법을 제안한다. 필자는 다음 장에서 다양하게 활용할 수 있는 유용한 구문들을 추려보았다. 이 구문 하나하나를 전부 다 내 것으로 만들 필요는 없다. 다만 내가 좋아하는 구문이 있다면 다양한 방식으로 활용해 보기 바란다. 이 구문 중 열 개 이상을 나의 것으로 만든다면 영작은 더 이상 당신에게 어렵고 험난한 길이 아니게 될 것이다.

10 '기적의 영작법', 저절로 써지는 영어 에세이의 요소와 방법
단어를 연결해 구문에 대입하자

영작문 특히 영어 에세이 작성은 '수학'과 닮은 점이 많다. 우리가 어릴 때부터 귀에 못이 박이게 들었던 '영어, 수학은 기초가 중요하다'라는 말은 괜히 나온 것이 아니다. 영어와 수학은 어릴 때부터 체계적인 교육을 통해 기초를 쌓아 올리지 않으면 '모래성'과 같이 금방 무너질 수 있는 학문이다. 이 두 학문에 체계적인 학습이 요구되는 이유는 단 하나이다. 윗단계로 올라가기 위해서 필수 이수조건Pre-requisite이 필요하기 때문이다. 이 두 학문을 익힐 때는 하위단계에서 배운 공식, 개념, 기술이라는 '공든 탑'을 쌓는 기초공사가 필요하다. 그리고 그 기초과정을 전부 숙지했다는 전제하에 다음 과정을 쌓아 올리는 식으로 학습이 진행된다. 한마디로 수학, 영어는 요행을 바라거나 단기간에 숙달할 수 없는 학문이다. 따라서 기초가 튼튼한 사람이 결국 승리하게 된다.

영어 에세이도 마찬가지이다. 어릴 때부터 기초공사를 튼튼히 한 영어권 나라의 학생들에 비해 우리나라의 학생들은 절대적인 그리고 어떻게 보면 태생적인 한계를 가질 수밖에 없다. 영국이나 호주는 어릴 때부터 '창의적 작문Creative Writing'이라는 과목을 통해 독창성은 물론 학생이 가진 사고의 범위를 확장하는 교육을 진행한다. 이들은 자유로우면서 독창적인 글쓰기 교육 프로그램을 시행하고 있다. 이 교육의 목적은 학생이 자기 생각을 글로 표현하는 능력을 길러 주는 것이다. 이런 교육과정을 이수하지 못한 국내 학생들은 본인의 생각을 자유롭게 표현하는 데 어려움을 겪고 있다. 국내 학생들이 에세이를 쓸 때 어려움을 겪는 것은 당연한 결과이다.

이처럼 체계적인 글쓰기 교육이 이루어지지 않은 상태에서 영어라는 언어 장벽이 더해진 국내 학생들의 에세이에는 이러한 혼란이 그대로 나타난다. 이로 인해 글로 평가되는 각종 시험, 과제, 논문, 대입에 필요한 자기소개서를 작성할 때에도 상당한 제약과 불이익을 받게 된다. 심지어 대학 졸업 후 직장인이 되어서도 마찬가지이다. 세계화 시대에 살아가는 우리는 언제든지 영어 문서, 이메일, 편지 등을 작성해야 하는 상황에 놓일 수 있으며 그때마다 상당한 고충을 겪게 될 것이다.

영어 교육의 기존 패러다임은 말하기, 듣기, 독해 위주였으나 최근 쓰기의 비중이 점차 커지고 있는 분위기이다. 그 이유 중 하나는 영어 작문이나 에세이는 학생의 영어 실력을 종합적으로 판단할 수 있을 뿐 아니라 영어 기초 실력도 확인할 수 있기 때문이다. 게다가 사고의 깊이, 창의성, 독창성, 언어 구사 능력 등을 가장 객관적이고 효율적으로 평가할 수 있어 '종합 성취도 평가도구'로 충분하다. 나아가 학생 개인의 학업 능력과 의지도 확인할 수 있다. 현재 영어권 대학 및 대학원에서 에세이, 영어 논문 등을 학생 평가의 기준으로 사용하고 있는 이유는 글을 통해 학생의 역량, 사고, 학업 능력, 의지 등을 가늠할 수 있기 때문이다.

그렇다면 영어권에서 교육을 받아본 적도, 영어 글쓰기의 기초를 공사도 받아본 적이 없는 우리나라 대부분에 사람들은 초등학교 과정부터 영작문을 다시 시작해야 하는 걸까? 아니면 시험대비나 눈앞에 과제 때문에 벼락치기로 잘 쓰인 글들을 보는 식으로 공부하여 언제 무너질지 모르는 '영어 에세이 부실 골격'을 세워야 하는 것일까? 그리고 그 골격 위에 돈과 시간을 투자해 부실 공사를 계속해야 하는 것일까?

필자는 이 질문들에 대해 아주 간단하고 명료한 답을 주고자 한다. 필자가 고등학교 2학년 때 같은 반 친구 중에 암기과목은 기가 막히게 잘하지만 수학에 '수' 자만 들어도 몸서리칠 정도로 숫자를 싫어하는 친구가 있었다. 이 학생은 부모님에 뜻에 따라 의대에 가기 위해 이과에 지원했고 수학 공부를 피할 수 없는 상황이었다. 이 학생은 우리나라에서 가장 유명한 족집게 강사를 찾아갔고 그는 이런 말을 했다고 한다. '수학도 암기과목이라고 생각하고 무조건 외워라. 일단 공식부터 외워라. 그리고 답을 통째로 외워라.' 매우 비효율적이며 주먹구구식인 방식이라고 생각할지 모르겠지만 이 학생은 다음 시험에서 기적처럼 높은 수학 점수를 받았다. 물론 범위가 정해져 수학의 단편적인 부분만을 평가하는 시험이었다 하더라도 적어도 이 학생은 수학에 대한 두려움은 떨칠 수 있었다.

여기서 주목할 점은 이 학생이 수학을 못하고 싫어했던 이유가 기초가 부족했기 때문이 아니었다는 것이다. 수학에 대한 막연한 두려움 그리고 자신감 부족이 학생을 가로막던 가장 큰 장애물이었다. 학생은 스스로 최면을 걸어 수학을 암기과목이라고 생각하면서 전혀 다른 방식으로 접근했고 그 결과 수학에 대한 트라우마를 극복할 수 있었다. 필자가 수학에 빗대어 영작문을 재차 설명하는 이유는 여기에 있다. 혹자가 '영어 글쓰기를 단기간에 숙달하는 방법이 없을까요?'라고 물어본다면 필자는 이렇게 대답할 것이다.

'영어 에세이 혹은 영작문에도 공식은 있다. 그 공식을 자기 것으로 만들어라.'

영어 에세이, 영작문과 수학이 단순 암기과목과 다른 점은 바로 '공식'이 있다는 것이다. 수학에서 공식을 외우는 가장 효율적인 방법은 그 공식을 사용해 많은 문제를 푸는 것이다. 영어에서 단어를 외우는 가장 효율적인 방법 역시 그 단어를 사용해 문장들을 써 보는 것이다. 이와 같은 특징에서 착안하여 필자는 '필수 영어 구문으로 만든 영어 에세이의 기본 공식'을 이용한 획기적인 영작법을 분석하고 개발하였다. 그리고 이를 통해 영어 에세이의 뜻도 몰랐던 왕초보들이 단기간에 영작에 대한 두려움을 없애고 영작에 대한 자신감을 얻을 수 있을 것이라 확신한다. 그뿐만 아니라 왕초보도 빠른 시간에 세련된 에세이를 쓸 수 있는 방법을 전파하고자 한다.

영작법의 가장 중요한 요소는 '관심 키워드'를 정하는 것이다. 내가 좋아하는 혹은 표현하고 싶은 대상을 정하고 그 대상에게 맞는 단어를 골라 하나씩 붙이면 문장이 완성된다. 그리고 그 문장들이 모여 에세이가 된다. 하지만 문장과 에세이를 구성하는 단어들의 중요도가 모두 같은 것은 아니다. 내가 쓰고자 하는 글에서 핵심 단어를 골라야 한다. 그리고 그 단어를 다음 장에서 정리된 구문 중 하나에 대입해 보자.

예를 들어 A는 평소 빈부 격차에 대해 많이 생각해보았고 최근에 어떤 이슈로 인해 더 많은 관심을 갖게 되었다고 가정해보자. A는 키워드를 'Wealth Distribution 부의 분배'으로 정했다. 여기에 하나씩 살을 붙여 보자. 살을 붙일 때 반드시 복잡한 문장이나 문장 구조일 필요는 없다. 그럼 한 단계씩 연상법으로 살을 붙여 보겠다. 먼저 'It is called wealth distribution 부의 재분배라는 것이다'이라는 문장을 작성했다. 그렇다면 이 앞에 설명하는 문장이 있어야 하겠다. 그래서 'When there is a gap between the poor and the rich 부자와 저소득층의 소득 격차가 존재한다'이라는 이런 문장을 만들어 보았다. 또 'There might be the issue in wealth distribution 부의 재분배 관련 이슈가 있다'이라는 문장을 뽑아낼 수도 있다. 그래서 'When there is a gap between the poor and the rich, the society can embed the barrier to be rich 부자와 저소득층의 소득 격차가 존재하며, 그 사회에서는 부자가 되는 과정에 장애 요소를 갖고 있을 수 있다'라는 문장을 연상해 볼 수 있다. 이제 앞에 문제 제기의 문장을 붙이면 된다. 필자가 엄선한 구문을 응용하여 문장을 만들어 보겠다.

- **It is a generally accepted fact that Korea is struggling against the issues of wealth distribution.**
  한국은 현재 부의 재분배와 관련한 여러 가지 문제를 갖고 있다.

- When there is a gap between the poor and the rich the society will systematically embed the barriers to be rich.

  빈부의 격차가 존재하면 그 사회는 부자가 되기 위해서 넘어야 할 구조적인 장애물들이 존재할 것이다.

- It is recommendable for the government to implement the right tax policy to solve this issue.

  정부는 그 사회에 맞는 합리적인 세금 제도를 도입해야 그런 문제들을 해결할 수 있을 것이다.

위의 세 문장을 통해 서론, 본론, 결론의 요점을 집어낼 수 있다. 이를 좀 더 이해하기 쉽게 다이어그램으로 정리하면 다음과 같다.

①	하나의 키워드를 정한다.	Wealth Distribution

▼

②	서론에 어울리는 구문 하나를 정해서 대입한다. (최근에 문제가 되고 있는 이슈)	

▼

③	이슈가 되는 원인과 관련된 키워드를 정한다.	Gap between / Society Barrier

▼

④	역시 구문에 대입한다. (적당한 동사와 부사로 문장을 꾸민다.)	Systematically / Embed

▼

⑤	'왜'라는 질문에 답을 찾기 위해 이슈를 분석한다. (해결방안에 필요한 키워드 탐색)	

▼

⑥	해결 방안을 위한 키워드를 도출한다.	Tax Policy / Government

▼

⑦	결론에 쓰이는 구문을 정해 대입한다.	it is recommendable that S + V

▼

⑧	서론, 본론, 결론의 핵심 문장에 부사구나 부사를 넣어서 더 탄탄하게 다진다.

▼

⑨	핵심 문장을 중심으로 앞뒤로 관련성 있는 인과관계 문장을 추가한다.

▼

⑩	전체적인 흐름에 맞게 문장들을 재배치한다. (접속사로 문장을 재배치하여 관계를 완료시킨다. 단, 물리적인 위치를 바꿀 필요는 없다.)

위 과정을 몇 번씩 반복하면 내가 원하는 글을 만들기 위해 키워드를 고르는 능력이 향상된다. 그리고 이 책에서 추천하는 엄선 구문을 이용하여 문장을 만들다 보면 자주 쓰는 구문이 생길 것이다. 이렇게 문장들을 이어 나가게 되면 나도 모르게 문장 간의 인과관계나 접속사의 사용에 능숙해지고 전체적인 큰 그림을 보는 시야가 생긴다. 마지막에는 전체 글이 자연스러워지고 주제에 맞는 흐름을 갖게된다.

다음은 에세이를 전체를 쓸 때 잊지 말아야 할 요점을 정리한 것이다. 아래의 요점들을 지킨다면 영어 에세이 실력이 크게 향상될 것이다.

(1) 구문을 활용하자. 이때 내가 즐겨 쓰는 구문을 마스터 플랫폼에 추가하자.

(2) 내가 좋아하는 문장을 외워 두자. 그 문장에 단어만 바꾸면 모든 글에 적용해 사용할 수 있다.

(3) 신중하게 키워드를 선택하자. 잘못된 키워드를 고르면 글의 전체적인 흐름이 부자연스러워지고 내가 의도한 방향과 다르게 내용이 흘러갈 수 있다.

(4) '서론-본론-결론'에 맞게 부사와 접속사를 선택해 보자. 부사와 접속사역시 너무 많이 사용하는 것보다 내가 좋아하는 몇 가지를 적절하게 변형

시킨다는 생각으로 접근하자.

(5) 동사는 너무 명확한 단어를 사용하기보다 포괄적인 의미를 지닌 것을 사용해 유연성을 갖도록 하자. 예를 들어 'Embed'라는 동사는 앞뒤에 문장과도 크게 대치되지 않는 중의적 의미를 지니고 있다.

(6) 마스터 플랫폼에 있는 문장에 다른 단어를 대입하다 보면 모든 주제에 크게 벗어나지 않는 안전한 문장을 만들 수 있다. 부사와 동사를 바꿔서 의미를 다시 확인해 보자.

(7) '단어 – 구문 – 문장 – 단락'의 순으로 살을 붙여 나가는 과정을 반복해 내가 원하는 의미를 전달할 수 있도록 조금씩 다듬어 글을 '발효'하자.

(8) 수정이 필요할 경우, 문장 전체를 바꾸기보다 '동사-형용사-부사-접속사' 순으로 수정하면 뜻을 전달하는 데도 큰 문제 없는 자연스러운 글이 탄생한다.

11 자기소개서를 위한 영작 비법
'X-요소'

앞서 언급했던 연상법과 구문을 대입하는 영작법을 통해 영어 자기소개서를 작성하는 팁을 이야기하고자 한다. 영어 자기소개서 역시 에세이의 한 종류이며 '어플리케이션 에세이Application Essay'라고 부른다. 영어 자기소개서는 입학을 목적으로 나의 과거 경험과 강점을 어필하여 입학사정관들에게 자신이 그 학교의 인재상에 부합하다고 설득하는 글이다. 에세이를 디자인할 때 가장 중요한 것은 바로 '독창성'이다. 식상한 글이나 익숙한 글은 머릿속에 오랫동안 남아있기 어렵다. 그러므로 독자가 입학사정관인 영어 자기소개서도 나만의 이야기를 써야 한다. 자기소개서에 다른 사람이 경험해 보지 못했을 법한 이야기를 쓰는 것도 좋지만 평범한 경험이라도 나만의 방식으로 풀어내 독자를 감동시키는 게 더욱 중요하다.

이때 필요한 것이 바로 'X-요소X-Factor'이다. X-요소란 '설명할 수 없는 특별한 능력이나 영향력을 주는 요소'를 뜻한다. 이 단어를 사용한 이유는 영어 자기소개서 역시 상대방에게 설명하기 어려운 감동과 영향력을 주어야 하기 때문이며, 이것이 자기소개서에 가장 중요한 요소이기 때문이다. 감동을 준다는 말은, 곧 진정성이 있어야 한다는 것이고 진정성은 본인 만의 경험이 담긴 이야기에서 나온다. 따라서 영어 자기소개서에는 본인만이 가지고 있는 경험과 비전으로 상대방을 감동시켜야 한다.

1) '진정성'이 살아나는 자신만의 줄거리를 디자인하라

요즘 각종 미디어에서 오디션 프로그램이 크게 유행하고 있다. 프로그램 심사위원들의 심사평 중에 '진정성이 없다' 혹은 '테크닉은 좋지만 감동이 없다'라는 이야기를 종종 들을 수 있다. 영어 자기소개서 역시 누구나 생각해 낼 수 있는 뻔한 내용, 상투적인 이야기를 바탕으로 작성한다면 심사관에게 외면당할 것이다.

심사관들은 하루에도 몇백 장의 에세이를 심사한다. 에세이 중 대부분은 다 읽히지도 못한 채 문서 더미에 묻히게 된다. 심사관들도 사람이다. 재미없는 글을 끝까지 읽어 주기를 바라지 말라. 재미있는 글을 쓰라는 것이 아니라 본인의 경험이 묻어나오는 진정성이 느껴지는 글, 발효를 통해 완성도 높고 신선한 그리고 독창적인 경험을 쓰도록 노력하는 것이 중요하다. 따라서 본인만의 진정성 있는 이야기가 담겼거나 남들과는 다른 형식을 띠고 있는 에세이를 만들어야 한다.

'진정성'은 진실을 바탕으로 해야 한다. 진실은 사실과는 조금 다른 개념이다. 경험이라는 사실에 본인이 얻은 감정까지 포함하는 것이 진실이다. 에세이는 언어 구사 능력 외에도 자신의 가치관, 지식, 지혜, 경험 등을 드러내는 '종합사고 예술'로 정의될 수 있다. 에세이는 머리와 가슴에 있는 이야기가 실체를 드러내는 것이다. 그러므로 에세이로 상대방을 감동시키거나 설득시키고 싶다면 끊임없이 자신의 내면을 갈고 닦아야 한다. 하지만 이는 단기간에 불가능한 일이기 때문에 우리가 할 수 있는 일은 에세이를 발효시키는 것이다. 결론적으로 본인의 진정성으로 상대방에게 감동을 주기 위해서는 자기만의 이야기를 발효시켜 상대방에게 효과적으로 전달해야 한다.

그렇다면 어떤 이야기를 엮어야 할까? 독창적인 이야기라는 것은 결코 대단하거나 특이한 경험을 의미하는 것이 아니다. 일상적이고 단조로운 이야기일지라도 자기의 인생이 묻어나오도록 의미를 부여하면 그 이야기의 줄거리는 당신만의 강점을 표현할 수 있는 도구로로 변하게 된다. 비슷한 내용의 경험이라도 그 경험에 어떤 의미를 부여하고 해당 목표와 어떤 식으로 연결하느냐, 즉 어떻게 효율적으로 활용하느냐가 중요하다.

아래는 영어 자기소개서에 필요한 포인트를 요약한 것이다. 아래 내용을 참고하여 자신만의 이야기를 발효시켜보자.

(1) 학구적인 구문을 주로 활용하여 입학사정관에게 학업 수행능력을 어필하자.

(2) 내가 좋아하는 문장을 외우자. 나만의 스토리를 나만의 문장으로 만들면 글 속에서 자신감과 일관성이 느껴질 것이다.

(3) 신선한 키워드를 선택하자. 식상한 키워드를 고르면 글이 상투적으로 보일 수 있고 내가 의도한 방향과는 다르게 흘러갈 수 있다.

(4) 한 가지의 이야기를 집중적으로 어필하면서 그 이야기와 관련된 이야기들을 풀어나가자. 여러 가지 이야기를 장황하게 설명하면 임팩트가 약해질 가능성이 있으며 설득력이 떨어질 수 있다.

(5) 임팩트가 강하고 자신감 넘치는 동사와 부사를 사용하여 입학사정관에게 자신감 있는 모습을 보여주도록 하자.

(6) 마스터 플랫폼에 있는 문장을 그대로 쓰되 안전한 내용만 만들지 않도록 한다. 때로는 강력하고 신선한 어투와 단어를 사용해 보자. 입학사정관들의 주의를 환기하는데 효과 만점이다.

(7) 에세이를 발효시켜 가장 완성도 높고 일관성 있는 흐름을 갖도록 하자.

2) 간결하며 깔끔한 표현을 지향하자

두 번째 'X-요소'는 영어 자기소개서뿐 아니라 모든 에세이를 쓸 때 적용되는 것이다. 간결하며 깔끔한 문장을 쓰는 것은 독자에 대한 기본 예의이다. 단순하고 뜻이 명확한 문장을 쓰는 것이야말로 독자에게 강하게 어필할 수 있는 방법이다. 불필요한 부사나 미사여구는 될 수 있는 한 제거하는 것이 좋다. 독자와 소통하기 위해서는 간결하고 많은 의미를 담고 있는 문장을 쓰는 것이 중요하다. 대화할 때도 마찬가지이다. 상대방의 말을 잘 듣고 논제를 파악하여 핵심적인 답을 했을 때 더 쉽게 공감하고 가까워질 수 있다. 상대방에게 불필요한 지식을 자랑하거나 화려한 문장을 구사하기보다 때로는 과감하고 단순하게 내가 말하고 싶은 내용을 전달하는 것이 중요하다.

앞서 지적했듯 단어의 수준은 높지만 문장의 수준이 낮으면 최악의 에세이가 된다. 예를 들어 현학적인 전문용어나 관념어들을 남발하면서 문장 구조가 초등학생 수준에 불과하면 어떻게 느껴질까. 욕심 때문에 '문어적文語的 허영'이 지나치게 되면 관념적이고 애매한 추상어들이 반복될 것이다. 그러한 글은 자기의 생각을 표현하는 글이 아니라 그냥 아는 단어를 자랑하기 위한 노트에 불과하다. 경험하지 못한 일을 억지로 포장하거나 끼워 맞춰 상대방에게 억지 설득을 끌어내리려는 것은 마치 몸에 맞지 않는 옷을 입으라고 강요하는 이치와 같다.

가장 중요한 것은 바로 소통이며 눈높이를 맞추는 것이다. 상대방이 입학사정관이라면 상대가 좋아하고 원하는 글을 써라. 동시에 내가 좋아하는 표현과 익숙한 어휘 그리고 자신감이 넘치는 동사를 사용하여 에세이를 풍성하게 해야 한다. 그리고 독자에 따라 글을 맞춰 쓰는 것도 필요하지만 그렇다고 해서 나의 독창성을 잃어선 안 된다. 글에서 나의 모습을 보여주어야 한다는 것을 잊지 말자.

자기소개서의 목적을 한마디로 정의하자면 '본인의 경험을 바탕으로 학교 혹은 기업에서 원하는 인재상과 본인의 현재 위치 사이에 격차가 크지 않음을 보여주는 것'이다. 그리고 자신의 이야기를 통해 이를 합리화시키는 과정이라 할 수 있다. '지피지기면 백전백승'이라는 말처럼 영어로 자기소개서를 작성하는 데 있어서 가장 중요한 것은 일단 상대방이 어떤 특징을 띠고 있는지, 어떤 것을 원하는지 정확히 파악하는 것이다. 이러한 판단하에 본인의 능력과 경험을 표현해야 자신의 '발전 가능성'을 명확하고 논리적으로 풀어나갈 수 있다.

아래는 한 학생이 모대학 경제학과에 제출한 지원서의 일부이다. 이 에세이의 문제점을 분석함으로써 에세이에서 자기만의 이야기를 어떻게 풀어나가야 상대방의 이상적인 인재상에 접근할 수 있는지 알아보자.

I was raised from a poor background. So I made a lot of sacrifices when growing up to help my parents. I took three jobs immediately I graduated from high school. (1) I worked as a waitress, delivering newspapers and as a barista. (2) Through this work experience I have learnt a lot. I have faced social inequalities and developed. (3) Cross-cultural awareness. This is when I also had the idea of pursuing economics entrenched in my inner being.

나는 가난한 가정에서 태어났다. 그래서 나는 부모에게 상당히 많은 희생을 하며 살아왔고 고등학교를 졸업하며 3개의 일을 하게 되었다. 식당 종업원, 신문 배달 그리고 바리스타 등을 했다. 나는 이런 경험들을 통해 많은 것을 배우게 되었고 이 과정에서 사회적인 불평등을 깨닫게 되었다. 다문화를 인지하는 능력. 경제적인 요소를 추구하기 위한 과정에서 내적으로 내가 갖게 된 능력이다.

본문의 (1), (2) 문장을 먼저 살펴보자. (1) 문장에서 지원자는 여러 가지 일을 경험하였고 이것으로 인해 (2)와 같이 많은 점을 배웠다고 밝혔다. 하지만 본인이 일하는 과정 중 어떤 계기로 사회적 불평등과 다문화에 대한 인식을 깨닫게 되었는지 구체적으로 설명하지 않았다. 어떤 일을 했으며 어떤 점을 배웠다는 식의 단순한 접근은 필자가 앞에서 강조한 '진정성'이 결핍될 수 있는 요소이다. 이는 자칫 상투적이고 형식적으로 느껴질 수 있다. 또한 앞에 말한 세 가지 일들이 (3)의 다문화 인식을 발전시키는데 어떤 식으로 관련이 있었는지 언급하지 않아 연결이 매끄럽지 않고 진실성도 떨어진다.

힘들고 고된 일들을 통해 사회적인 불평등을 느끼게 된 과정과 다문화의 특징을 인식하게 된 계기 등을 기술하는 것에 초점을 맞추어야 비로소 '진정성'을 얻을 수 있을 것이다. 나아가 본인이 경제학이라는 전공을 선택하는 데 있어서 이러한 계기와 경험이 어떤 식으로 작용했는지 동기의 연결이 자연스럽고 논리적으로 이루어져야 한다.

여기서 또 한 가지 중요한 점은 본인의 경험 중 너무 여러 가지를 나열하여 자칫 핵심을 잃을 수 있다는 점이다. 그 때문에 전공과 학교 선택의 계기를 설명하는 부분의 설득력이 떨어진다. 본인의 경험에 대해 단순히 나열하기보다 동기 창출에 결정적인 영향을 끼친 경험에 대해 집중적으로 기술하는 것이 좋다. 그리고 이것을 토대로 학교에서 원하는 인재상을 접목해 합리화하는 과정이 이루어져야 한다.

요컨대 서론에서는 본인의 구체적인 경험에 대한 일화나 상황에 대한 묘사를 설명해야 한다. 그래야 본론에서 언급하게 될 경험과 전공 선택의 계기를 연결할 수 있다. 서론은 이러한 과정이 더 매끄럽고 진정성 있게 느껴지도록 해야 한다. 본론에서는 '선택과 집중'을 통해 이야기를 디자인하고 다음과 같은 흐름을 통해 에세이의 진정성과 명확한 논리 전개를 보여주는 것이 바람직하다. 아래는 본론을 작성할 때 언급되어야 할 것들을 정리한 것이다. 아래의 흐름에 따라 본론을 작성한다면 목표를 잃지 않고 에세이를 완성할 수 있을 것이다.

(1) 진정성이 느껴질 만한 1~2개의 경험을 정해 구체적으로 묘사하라. 그리고 그 경험과 관련해 전공, 학교 혹은 직책, 회사를 선택하게 된 구체적인 계기를 기술하라.

(2) 학교나 회사의 특성과 그들이 강조하는 인재상, 덕목 등을 파악하여 지원 계기와 접목하라. 나의 경험으로 생겨난 강점, 동기부여가 이것들과 어떻게 일치하는지 기술하라.

(3) 만약 회사나 학교가 바라는 인재상과 현재의 나 사이에 격차가 있다면 어떻게 그 격차를 좁혀 인재상이 될 수 있을지 기술하라.

3) 에세이는 다큐멘터리가 아니므로 글의 풍미를 위해 과장이라는 적절한 양념을 더하자

필자가 10년 이상 대입 에세이를 지도하면서 받았던 다양한 질문 중 가장 많이 들었던 것은 나를 포장하고 장점을 어필하기 위해 '과장된 표현'이 허용되는지에 대한 질문이었다. 결론부터 이야기하자면 에세이는 극적일수록 효과적이므로 과장된 표현을 적절하게 사용한다면 독자의 관심과 호기심을 증폭시킬 수 있다.

여기서 과장된 표현이란 거짓으로 지어내는 것이 아니다. 내가 강조하고 싶은 경험이나 느낌에 대해 때로는 자극적으로, 때로는 과장해서 표현하는 것을 말한다. 이는 독자의 호응을 일으킬 수 있으며 자신이 에세이를 쓰는 과정에서 동기부여로도 작용할 수 있다. 예를 들어 자신의 SNS에 한 장의 사진을 올렸다고 가정해보자. 그 풍경은 내가 직접 경험한 곳은 아니지만 상상 속에서 혹은 미래의 어느 날 그곳에 가기를 희망한다는 의미로 업로드한 것이다. 그 사진을 본 지인 중 누구도 그 사진이 직접 찍은 것인지, 어디서 가져온 것인지 시시비비를 가리려는 사람은 없을 것이다. 에세이도 마찬가지이다. 나에게 허락된 상상력의 범위 안에서 느낌과 생각을 자유롭게 표현하며 때로는 과장된 표현이나 생각을 이야기하는 것도 용인된다.

에세이를 다큐멘터리로 이해하는 것은 글의 낭만과 효과를 미처 고려하지 못한 결과이다. 작가의 직·간접적인 경험과 생각의 복합체로 이루어진 것이 에세이다. 이러한 에세이를 통해 독자들은 감동하고 카타르시스를 느낀다. 이와 같은 에세이의 순기능을 생각한다면 에세이를 왜 매력적으로 써야만 하는지 이해할 수 있을 것이다.

미국 명문대의 입학사정관들과 이에 대한 대화를 나눈 적이 있다. 대입과 직결되는 에세이는 당연히 그 객관성이 보장되어야 할 것이다. 하지만 그들은 의외의 반응을 보이며 다음과 같이 답하였다.

"우리는 학생의 과거를 검증하거나 사실을 확인하는 수사기관이 아니다. 다만 객관적인 사실이나 경험을 토대로 학생이 우리가 추구하는 인재상과 얼마나 가까운지 판단하는 것이 우리의 역할이다. 물론 많은 학생이 입학을 바라는 마음으로 자신의 장점을 지나치게 과장하여 표현하는 것은 사실이다. 하지만 우리가 학생을 높게 평가하는 부분은 자신의 장점을 얼마나 발전시켰는지와 미처 발전시키지 못한 잠재력에 대해 얼마나 자신감을 띠고 있는지에 관한 것이다. 자신을 묘사하는 글이나 에세이에서도 자신감이 넘치고 입학에 의지를 강하게 표현하는 학생에게 더 높은 점수를 주고 있다."

입학사정관들의 말에 필자도 적극적으로 동의하고 있다. 에세이에서 흥행성은 중요한 요소이다. 이를 위해 허락된 범위 안에서 과장이나 강조를 하는 것은 당연하다. 따라서 자유로운 상상력을 통해 창의적으로 표현하는 연습을 해야 한다.

12 5 Box 키워드 영작법
영어 에세이는 공식만 알면 끝!

이제부터 소개할 영작 기법은 앞에서 소개한 연상법을 기초로 하여 필자가 발전시킨 것으로 키워드를 중심으로 하는 방법이다. 실제로 수많은 학생이 이 방법을 통해 에세이의 두려움에서 벗어났다. 또한 이 영작 기법은 학생의 특성에 맞게 응용이 가능하여 자신만의 영작법으로 변형할 수도 있다.

필자는 10년 동안 이 영작 기법을 연구하고 발전시켰으며 실제로 에세이를 쓸 때 가장 효율적이며 쉽게 배울 수 있는 방법이라고 생각한다. 이 영작 기법의 포인트는 일정한 주제를 키워드로 정리해서 브레인 스토밍하고 연상기법을 통해 동사, 형용사, 부사 순으로 살을 붙여 나가 그 문장을 구문과 연결해 하나의 완성된 문장을 만드는 것이다. 그렇게 여러 문장을 만들고 문장을 접속사로 연결하고 단락을 만들어 에세이를 완성한다. 최종적으로 수정을 통해 에세이를 '발효'한다.

5 Box 키워드 영작 기법

1) 1단계 마스터 문장 완성하기

1단계는 문장을 완성하는 단계이다. 일단 키워드를 정하고 서론에 적합한 문장을 만들어 보자. 이해를 돕기 위해 앞서 언급했던 환경문제를 주제로 하여 예를 들어보겠다. 아래의 다섯 개의 키워드 중 첫 번째는 전체적인 주제를 담는 마스터 키워드가 된다.

일단 '공기 오염Air pollution'이라는 주제를 담는 키워드를 시작으로 그 다음은 형용사, 동사, 명사, 부사 상관없이 5개의 키워드를 머릿속으로 생각한다. 이 키워드를 통해 일단 마스터 문장을 완성해보자. 문장 완성을 위해서는 엄선된 필수 구문을 이용해서 살을 붙이면 된다.

5개의 연상 키워드

- What surprise me was that the Volkswagen scandal is criticized by the government as it triggered serious penalty due to the air pollution issues.

나를 놀라게 한 것은 폭스바겐사의 스캔들을 정부가 맹렬히 비판하였고 공기 오염에 대해 심각한 벌금을 부과했다는 점이다.

2) 2단계 단계별 키워드로 핵심 문장들 완성하기

1단계의 문장은 완벽해 보이지는 않지만 하고자 하는 말이 무엇인지, 어떤 식으로 문장을 이어 나갈지 아이디어를 제시해준다. 이제 다시 돌아와 새로운 5개의 박스에 키워드를 채워보자. 마스터 문장을 만들었으니 다음에 어떤 키워드들이 와야 적합할지 본론과 결론에 들어갈 만한 키워드를 구성해 보자. 키워드에 정답은 없지만 머릿속으로 어떤 줄거리를 펼칠지 대략적으로 상상하며 박스를 채워보자.

아래의 박스를 보면 'Air pollution'이라는 마스터 키워드를 통해서 'Volkswagen'의 예를 들어 심각성을 환기하고 그로 인해 나타나는 문제점을 하나씩 기술하고 최종적으로 어떻게 이 문제를 해결할지 답을 찾는 구조를 갖추고 있다. 이렇게 설정한 키워드가 에세이의 전체적인 흐름이 되는 것이다. 이때 명심할 점은 5개의 키워드 박스를 채우고 나면 각 박스 옆에 다시 5개의 키워드를 완성해야 한다는 것이다. 이러한 방식을 통해 총 5개의 문장을 만들 수 있게 된다.

여기서 5개의 키워드를 미리 적어 놓고 5개의 문장을 만들기 위해 키워드 박스를 다시 확장하는 과정에서 다음 장의 필수 구문들과 매칭시켜보면 나도 모르게 문장이 완성되는 것을 발견할 것이다. 아래는 이와 같은 방법으로 작성한 문장으로 1단계에서 완성한 마스터 문장을 제외한 나머지 문장이다.

5개의 연상 키워드

Air pollution ▶ Volkswagan ▶ Global warming ▶ Fine dust ▶ Government

- What surprise me was that the Volkswagen was illegally manipulating the discharging gas system in the best-selling cars.

  나를 놀라게 한 것은 폭스바겐사가 가장 많이 팔리는 차 중 하나를 이용해 불법적으로 배기가스를 조작했다는 것이다.

- Global warming is inextricably linked to the air pollution issues where the weather is considered as abnormal in most of the big cities.

  지구 온난화 문제는 공기 오염과 밀접한 관련이 있고 이로 인해 큰 도시의 날씨가 이상 징후를 보이고 있다.

- Fine dust is triggering the high rate of outbreak of lung cancer.

  미세먼지는 폐암을 일으키는 가장 큰 요인 중 하나이다.

- It goes without saying that the government should prepare the strict regulation on the air pollution issues.

  정부가 공기 오염과 관련한 엄격한 제도를 도입해야 한다는 것은 당연하다.

3) 3단계 추가 문장 완성 후 단락 완성하기

5개의 핵심 문장을 모두 완성했다면 이제 내가 선택한 구문, 추가 키워드, 동사들을 연결해 부연 설명을 만들어 보자.

- Global warming is one of the most controversial issue as it is causing the serious changes in the weather.

  지구 온난화는 이상 기후를 야기할 수 있기 때문에 가장 논란이 되는 이슈 중 하나이다.

- Lung cancer and other respiratory diseases are dramatically increasing these days.

  폐암과 다른 호흡기 질환은 요즘 급증하는 추세에 있다.

- Car makers should make transparent process in manufacturing the gas discharging system in the car.

  자동차 제조업체들은 투명한 공정 시스템을 도입해 배기가스 문제를 해결해야 한다.

- In Korea, the parameters of measuring fine dust is considered as inappropriate compared to other developed countries.

  한국의 미세먼지를 측정하는 기준은 다른 나라들에 비해 부적절하다고 여겨진다.

위 문장들을 추가하고 핵심 문장들과 접속사로 이어주면 문장들이 자연스럽게 이어질 것이다. 이렇게 하나의 단락이 완성되고 단락이 모여 에세이가 완성된다. 여기서 중요한 점은 서론, 본론, 결론에 맞는 구문과 단어가 정해져 있어 이에 맞게 사용해야 한다는 것이다. 자칫 중요한 포인트를 놓치고 대입하는 것에만 집중한다면 각 내용에 맞지 않는 구문을 사용하여 문장이나 단락의 흐름에 벗어나는 결과를 초래하게 된다.

예를 들어 온난화와 미세먼지의 문제는 서로 연관성이 적기 때문에 각각 다른 문단에서 다뤄져야 한다. 공기 오염의 심각성이 미치는 영향을 자연재해(온난화)와 건강에 미치는 영향(미세먼지로 인한 호흡기 질환)으로 나누고 모두 정부의 적극적인 개입과 제재가 필요하다는 식의 결론을 도출해야 한다. 각 사례와 주제별로 문장들을 연결할 때 적재적소에 적당한 구문과 단어를 넣어야 한다. 따라서 필자가 정리해 놓은 구문 중에서 가장 자연스러운 구문과 표현들을 미리 익혀서 활용할 것을 추천한다.

4) 연상법과 그루핑 훈련

이제까지 연상법을 통해 키워드 단어를 정하고 문장, 단락, 줄거리를 디자인하는 영작 기술에 관해 설명하였다. 하지만 에세이를 작성할 때 영작에 필요한 단어와 구문을 연결하여 글을 완성하고 확장하는 '그루핑 과정' 역시 병행되어야 한다. 에세이를 익히는 단계에서는 그루핑과 연상법을 연결해 문장을 완성하고 확장하는 연습을 반복해야 한다. 연상법과 그루핑을 훈련하는 가장 좋은 방법은 일생생활에서도 이러한 방식을 생활화하는 것이다. 영어권에서 살지 않은 우리가 영어로 글을 쓸 때 여러 가지 어려움이 발생하는 것은 당연하다. 하지만 일상생활에서 연상법과 그루핑을 계속해서 훈련하다 보면 '영어권 사고방식'을 기초할 수 있을 것이고 에세이 작성도 좀 더 수월해질 것이다.

앞서 동양인과 서양인의 사고의 차이와 이로 인해 발생하는 그루핑의 차이를 설명하였다. 소, 닭, 풀을 그루핑한 결과 80% 이상의 동양인이 소, 풀과 닭을 따로 묶었다. 이는 소와 풀이 같은 특징을 가진 대상이라는 무의식적인 단정 때문이다. 반면 80% 이상의 서양인은 소, 닭과 풀로 나누어 묶었다. 이는 서양인들이 수평적 유사 대상에 대한 고민과 연상적 사고를 지속적으로 연습하였기 때문이다. 상위 개념에 종속된 개념을 묶어 버리고 다른 성격의 대상간의 관계에 집중하면 동의어나 다양한 표현에 대해 제한적으로 사고하게 된다. 그래서 한국인들이 쓰는 영어 에세이가 대부분 비슷한 표현들로 정형화되어 있는 것이다.

비슷한 뜻을 가진 다양한 표현, 문장 구조, 구문을 단어와 함께 연상하고 확장하는 방식은 영작의 기초를 다지는 데 매우 중요한 역할을 한다. 이제부터 소개할 구문이나 표현들에서 자신이 관심 있는 단어를 연상해 보고 문장이나 구문 아래에 써 보자. 비슷한 문장을 지속해서 익히다 보면 영작의 가장 기본이 되는 기본 실력을 갖추게 된다.

연상법과 그루핑을 통한 영작법을 위해 몇 가지 주제에 대한 키워드의 예시를 들어보면 다음과 같다. 이를 참고해 자신만의 키워드를 완성해 보자.

5개의 연상 키워드 주제별 예시

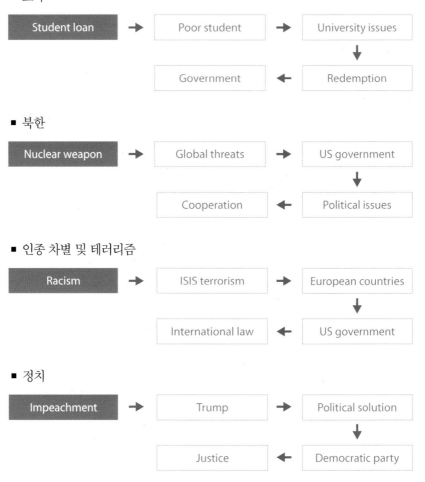

- 교육

  Student loan → Poor student → University issues

  Government ← Redemption

- 북한

  Nuclear weapon → Global threats → US government

  Cooperation ← Political issues

- 인종 차별 및 테러리즘

  Racism → ISIS terrorism → European countries

  International law ← US government

- 정치

  Impeachment → Trump → Political solution

  Justice ← Democratic party

2

Chapter

영어 에세이에도 공식은 있다

엄선된 필수 구문을 이용해 문장을 완성해 보자

"구문은 공식이다" ✏️

이제부터 엄선된 핵심 구문들을 소개하려 한다. 이 구문들은 5 Box 연상 영작법을 사용하여 연상법이나 대입법으로 문장을 만들 때 반드시 필요한 것들이다. 구문 중에 평소 본인이 사용하고 싶었던 구문이나 많이 접해보았던 쉬운 구문도 있을 것이고 조금 생소한 구문도 있을 것이다. 그러나 알고 있다고, 쉽다고 그냥 넘기지 말자. 아무리 쉬운 구문이라도 막상 쓰려고 하면 생각이 나지 않는 경우가 많다. 그것은 그 구문이 완벽히 자기 것이 되지 않았다는 의미이다.

필자는 앞서 언급한 5 Box 영작법과 마스터 플랫폼을 통한 에세이 영작법 등을 다년간 연구하고 실제로 학생들이 활용하도록 했다. 그 결과, 가장 많은 학생이 선택한 구문을 별 다섯 개★★★★★로 표시하였고 그다음 순으로 별점을 하나씩 줄여 표시하였다. 이처럼 구문의 인기도를 표시함과 동시에 각 구문의 특징이나 사용 전략을 간단하게 기술하였다.

아무리 쉬운 구문이라도 유용하게 쓰려면 계속해서 써 버릇해야 한다. 221개의 구문 중 처음에 사용하는 구문은 평균적으로 35개 정도이다. 분석결과 약 한 달간의 시간이 지나면 학생들이 에세이를 작성할 때 많이 사용하는 구문은 10~20개 정도였다.

이제 아래의 이 구문들을 활용해 단기 목표를 세우고 마스터 플랫폼을 완성하여 3개의 다른 주제에 관한 에세이를 써 보자. 필자가 제시한 영작법 중 쓰기 편하거나 관심 있는 방식을 골라 에세이를 작성하고 친구나 멘토의 피드백을 받아보는 것을 추천한다.

간혹 구문 중에는 너무 기본적이거나 쉬운 것도 있지만 이런 구문들 또한 자유자재로 쓰려면 오랜 시간과 연습이 필요하다. 그러므로 아무리 쉬운 구문이나 표현이라도 다시 곱씹어 실제로 사용하고 활용해야 내 것으로 만들 수 있다. 필자가 강조하고 싶은 점은 간단하고 많이 쓰이는 표현일수록 좋은 표현이라는 것이다. 따라서 어려운 단어나 표현보다 쉽고 많이 쓰는 구문을 적재적소에 사용하는 것이 그 무엇보다 중요하다.

※ 다음의 구문들을 보고 활용할 수 있을 만한 주제를 떠올린 후 머릿속에 서론·본론·결론을 구상해보자. 글 전체에 대한 구상이 끝났다면 글 전체에서 쓸 만한 중심단어 5개를 빈칸에 기입해 보자. 물론 구문과 함께 쓸 단어를 포함해야 한다. 이후 구문과 5개의 단어를 가지고 에세이 써 보자.

1
★★★

주어 can appear to others as ~
(주어)는 남들에게 ~처럼 보일 수 있다.

예문 Her icy attitude can appear to others as indifference.

연상단어(5개)

* indifference 무관심

위 구문은 가장 기본적인 것으로 쉽다고 생각할 수도 있다. 하지만 자주 사용하지 못하는 경우가 많아 놓치기 쉽다. 이 구문은 다양한 방법으로 매우 많은 응용 문장을 만들 수 있다. 특히 사람의 특성을 표현할 때 아주 유용하게 쓰인다. 다른 사람에게 보여지는 모습과 그 실상이 다르다는 점에서 요즘 SNS와 관련한 여러 가지 이슈가 발생하고 있다. 이 구문을 사용하면 이와 관련한 다양한 의견을 낼 때 유용하게 사용할 수 있을 것이다. SNS의 예처럼 위 구문은 실제 모습과 겉으로 보이는 모습과의 괴리감을 나타낼 때, 어떤 사물이 사람들의 인식 속에 나쁘게 인지된다는 의미의 문장들을 쓸 때 유용하게 사용할 수 있다. 다양한 방식으로 위 구문을 활용하여 나만의 독창적인 표현을 만들어 보자.

주어 is/are commonly used + to 부정사

(주어)는 보통 ~하는 데 사용된다.

예문 This adjective is commonly used to describe people's character.

연상단어(5개)

위 구문은 특정 물건이나 명사가 어떻게 쓰이는지 그 기능에 대한 표현이다. 'Commonly'라는 단어는 '대게, 일반적으로'의 뜻으로 쓰일 때가 많지만 다르게 쓰일 수도 있다. 'Commonly'는 추가적인 문장을 소환하는데 필요한 부사로 뒤에 오는 문장을 암시하는 복선과 같은 역할을 하기도 한다. 그러므로 이 구문은 '보통 ~하는 데 사용된다'는 뜻인 동시에 '특별한 경우에 다르게 사용될 수도 있다'는 의미를 내포하고 있다. 이 표현은 주로 서론에서 많이 사용하며 본론에서도 반전을 주고자 할 때 유용하게 사용할 수 있다.

According to~, 주어 + 동사

~에 따르면 ~이다.

예문 According to some psychologists, man has a habit of lying.

연상단어(5개)

* psychologist 심리학자

위 구문은 가장 많이 쓰는 인용 표현 중 하나로 문장이나 단락의 신뢰도를 높이기 위해 사용한다. 주로 참고 문헌이나 특정 개인·기관의 의견을 인용하여 논지의 신뢰도를 증진시키고자 할 때 사용한다. 나의 의견을 상대방에게 관철시키고 설득력을 높이려고 할 때 이 표현을 통해 권위 있는 사람이나 기관의 말을 빌릴 수 있다. 하지만 자주 사용할 경우, 자칫 글의 독창성을 해칠 수 있으므로 주의하자.

4   ★★★

It seems as if + 절
마치 ~처럼 보인다.

예문 It seems as if he knows everything.

연상단어(5개)

위 구문은 영어 구문 중 가장 기본적이고 많이 쓰는 표현 중 하나이다. 여기서 'As if'는 표면적인 현상을 묘사하는데 많이 사용한다. 주로 어떤 의도를 품고 있으며 추가로 관찰·분석하고 싶을 때 사용한다. 이 구문은 가정법의 관용적인 표현이기 때문에 너무 많이 사용하면 자칫 성의 없어 보일 수 있다. 혹은 내재된 의미를 분석하기보다는 표면적인 묘사에 그치고 마는 피상적인 느낌을 줄 수 있으니 주의하자.

5 ★★★★

주어 + find(s) out whether + 절
~의 여부를 알아내다.

예문   I want to find out whether they have interests in common.

연상단어(5개)

위 구문은 서론에 많이 사용하는 주의 환기용 장치 중 하나이다. 주로 어떤 사실을 밝혀내고 참과 거짓을 정확하게 규명하고 싶을 때 쓴다. 에세이의 목적을 직접 알게 해주는 주제 문장의 바로 앞에 쓰이는 경우가 많다. 즉 위 표현은 앞으로 이야기를 어떻게 풀어나가겠다는 선전포고와 같은 역할을 한다. 서론에서 다양한 방법으로 응용해 쓸 수 있다.

★★★

No wonder (that) + 절
〜는 조금도 놀라운 일이 아니다.

예문 No wonder he has a stomach upset after eating so much.

연상단어(5개)

* stomach upset 소화 불량

위 표현은 서론에서 처음 논지를 제시할 때 주의를 환기하는 역할을 한다. 현실에서 벌어지고 있는 다양한 이슈와 문제들을 지적함으로써 에세이의 전체적인 구조와 목적을 설명하기 위해 사용한다. 이 표현은 글의 '길잡이'와 같은 유용한 표현법이다.

★★★

Obviously, 주어 + 동사
명백히 〜하다.

예문 Obviously, you cannot make friends with everybody.

연상단어(5개)

명백히 어떤 주장을 펼칠 때 확신의 정도를 나타내는 표현으로 'Apparently'보다는 조금 더 상대방의 눈치를 살피는 느낌일 때 사용한다. 한마디로 상대방과 언제든 타협이 가능하지만 내가 주장하는 것에 대하여 충분히 자신감이 있다는 어감을 내포하고 있다. 역시 너무 자주 쓰게 되면 에세이의 전체적인 신뢰도를 하락시킬 수 있다.

8 ★★★

This is because + 절
이는 ~하기 때문이다.

예문 This is because we have coffee as a way of relieving tension.

연상단어(5개)

* relieving 완화시키는

위 표현은 사실 구어체에서는 잘 쓰지 않는 표현이고 문어체에서도 최대한 지양하는 문장 구조지만 사실상 가장 많이 쓰는 중요한 구문이다. 앞에 있는 문장을 부가 설명하며 합리화시킬 때 가볍게 쓸 수 있는 표현이다. 다만 너무 자주 쓰지는 말자.

주어 is/are most likely + to 부정사
(주어)는 ~할 확률이 매우 높다.

예문   She is most likely to pass the driving test.

연상단어(5개)

위 표현은 'Highly, Likely'보다는 훨씬 더 확신에 차 있는 표현으로 상대방의 반박을 원천적으로 봉쇄하려고 할 때 많이 사용한다. 하지만 이 표현은 극단적인 단정으로 오해하게 만들 수 있는 여지가 있다. 잘못 쓰게 되면 독자의 신뢰를 떨어뜨리고 의구심을 갖게 만들 수도 있다. 그러므로 상대방과 논쟁을 벌이는 과정에 있어서 상대방의 도전이나 반박을 봉쇄하는 역할로만 사용하기 바라며 신뢰도를 떨어트릴 수 있으니 조심해서 쓰기 바란다.

10

Broadly speaking 주어 + 동사
대략적으로 말해서 ~이다.

예문   Broadly speaking, commuting by car has grown since the 1960s.

* commuting 통근

위 구문은 사실상 자주 쓰지 않는 표현이지만 적재적소에 쓰면 독자의 신뢰감을 상승시킬 수 있는 무서운 무기이다. 이 구문은 상대를 설득할 때 사용하며 문장 전체 혹은 단락 전체의 신뢰도를 높일 수 있다. 사실 관계에 있어 항상 조심스럽다는 의미가 내재되어 있기 때문이다.

11 ★★★★

It is reported that + 절
보도에 따르면 ～이다.

예문 It is reported that whales travel at the speed of 56 kilometers per hour.
동의어 Reports have it that + 절

According to reports, 주어 + 동사

Reportedly, 주어 + 동사

연상단어(5개)

위 표현은 사실 구어체에서는 잘 쓰지 않는 표현이고 문어체에서도 최대한 지양하는 문장 구조지만 사실상 가장 많이 쓰는 중요한 구문이다. 앞에 있는 문장을 부가 설명하며 합리화시킬 때 가볍게 쓸 수 있는 표현이다. 다만 너무 자주 쓰지는 말자.

12 ★★★★

Even so, 주어 + still + 절
그렇다 하더라도 아직 ~이다.

예문 Even so, over one-fifth of the population still lives below the poverty line.

연상단어(5개)

* poverty line 빈곤선

이 구문은 앞 문장의 일정 부분을 인정함과 동시에 해결해야 할 문제가 아직 존재할 때 사용할 수 있다. 이슈에 대한 해결 방안이나 논의가 필요한 경우에 많이 쓰는 구문이다. 기존에 해결책에 대한 극단적인 부정보다는 아직 해결해야 할 문제가 있다는 것을 전제하여 의견을 제시할 때 유용하게 쓸 수 있다. 역시 서론에 많이 쓰는 구문이다.

★★★★

As I have pointed out, 주어 + 동사
지적한대로 ~이다.

예문 As I have pointed out, its environmental effect could be disastrous.

연상단어(5개)

위 구문은 앞의 논제 혹은 이슈에 대해 부연 설명할 때 사용한다. 혹은 추가 이슈에 대한 문제를 제기할 때도 사용할 수 있다. 앞에 제시한 문장과 관련한 다른 이슈나 더 심각한 다른 이슈들이 야기될 수 있다는 에세이의 흐름을 전개할 때 유용하게 사용한다. 서론에서 쓸 때는 앞서 언급한 사실을 근거로 가장 중요하고 심각한 문제가 무엇인지에 대해 본격적으로 기술할 때 사용한다. 에세이의 전체 주제와 가장 밀접하게 관련된 내용이 들어갈 수 있기 때문에 잘 선택해서 사용해야 한다.

14 ★★★

The survey shows that + 절
조사에 따르면 ~이다.

예문 The survey shows that 24 percent of children watch TV after 9 o'clock.

동의어 The survey reveals that + 절

According to the survey, 주어 + 동사

연상단어(5개)

Reportedly'와 함께 조사 결과에 기반한 사실에 대해 문제를 제기할 때 이용하는 구문이다. 정확한 사실을 기초로 해야 하고 기존에 나와 있는 자료를 토대로 정확하게 기술하지 않으면 글 전체의 신뢰도가 떨어질 수 있다.

15 ★★★★

No matter how long it takes, 주어 + 동사
아무리 오래 걸리더라도 ～하다.

예문 As I have pointed out, its environmental effect could be disastrous.

동의어 However long it takes, 주어 + 동사

연상단어(5개)

위 표현은 일상생활에서도 많이 쓰는 표현으로 'Long' 말고 다른 형용사를 넣어 에세이의 결론 부분에서 사용할 수 있다. 그 예로 'No matter how important the issues would be, 주어 + 동사'의 구문이 있는데, 이 역시 에세이에 많이 사용한다. 위의 구문은 앞으로의 의지나 나아가야 할 방향과 관련해 내 주장을 펼칠 때 쓸 수 있다. 다양한 응용이 가능해 숙지하고 있으면 생각보다 많은 표현에 이용할 수 있는 구문이다.

16 ★★★★

주어 is/are divided into ～
지적한대로 ～이다.

예문 This passage is divided into two quite separate parts.

연상단어(5개)

위 구문은 다양한 문장에 여러 가지 용도로 사용한다. 특히 이슈나 논점을 나눠서 설명할 때 유용하게 사용하기 때문에 알아둬야 할 구문 중 하나이다.

17 ★★★

The fact (of the matter) is that + 절

사실은 ～이다.

예문 The fact of the matter is that meat is a highly concentrated form of nutriment.

연상단어(5개)

* nutriment 자양물

위 구문은 비교적 간단한 구문으로 에세이 서론이나 본론에 많이 사용한다. 상황이나 이슈에 대한 설명이 필요할 때 자주 쓴다.

18 ★★★

This is largely because + 절

이것은 대체로 ～하기 때문이다.

예문 This is largely because the fat intake is low.

연상단어(5개)

* intake 섭취량

위 구문은 간단하지만 광범위하게 쓸 수 있기 때문에 반드시 숙지해야 할 기본 구문이다.

19 ★★★★

What surprises me is that + 절
내가 놀란 것은 ∼라는 사실이다.

예문 What surprises me is that even teenagers use drugs.

연상단어(5개)

이 구문은 서론에서 주의를 환기하고자 할 때나 독자의 호기심을 자극하고 싶을 때 유용하게 사용할 수 있다. 나의 경험을 바탕으로 최근 논란이 되는 이슈에 자연스럽게 접근해 나가는 표현이다. 뒤에 따라오는 절은 자극적이고 관심을 불러일으킬 만한 내용으로 하면 좋다. 서론에서 쓰는 표현 중에 가장 인기 있는 표현 중 하나이다. 위 내용을 바탕으로 이슈에 대한 심층적인 분석이 따라오면 좋은 효과를 기대할 수 있다.

★★★

주어 is/are entitled + to + 부정사
(주어)는 ～할 자격이 있다.

예문 Women are also entitled to do what they want.

연상단어(5개)

중요한 숙어 중 하나고 많이 쓰는 표현이지만 의외로 이 표현을 간과하여 자주 쓰지 못하는 경우가 많다. 내가 주장하는 사실에 대해 강력하게 어필할 때 사용할 수 있는 구문 중 하나이다.

★★★

It is doubtful whether + 절
～인지 의문스럽다.

예문 It is doubtful whether the public at large has any idea of the Internet revolution.

연상단어(5개)

이 구문은 서론에 자주 쓰며 다른 사람의 주장이나 현재 벌어지고 있는 상황에 대해 비판적인 태도를 표현할 때 많이 사용한다. 주의해야 할 점은 의문시되는 이슈에 대한 근거를 다음 문장에 기술하지 않는다는 것이다. 이 문장 뒤에는 내가 이 사실에 대한 의구심을 갖게 된 근거나 계기를 표현해 주어야 글의 흐름이 자연스럽다.

22 ★★★

Once + 과거분사, 주어 + 동사

일단 ~만 되면 ~하다.

예문   Once designed, a silicon chip is extremely cheap to manufacture in bulk.

연상단어(5개)

이 표현은 대표적인 기본 구문으로 과거분사형을 사용하여 문장을 간략하게 만들 수 있다. 이 구문을 자유자재로 쓸 수 있게 되면 에세이를 쓸 때 여러 가지로 이용할 수 있을 것이다.

23 ★★

주어 is/are learning how + to 부정사
(주어)는 ~하는 방법을 배우고 있다.

예문 I am learning how to play the saxophone.

연상단어(5개)

위 구문은 상당히 기본적인 구문 중 하나로 'How to'뿐 아니라 'What to', 'Whatever to' 등 여러 가지 표현으로 응용해서 쓸 수 있다.

24 ★★★

I used + to 부정사
나는 한때 ~한 적이 있다.

예문 I used to drink quite a lot.

연상단어(5개)

위 표현 역시 가장 기본적이며 많이 쓰는 표현이다. 내가 경험한 내용을 표현하거나 습관이나 과거의 반복적인 경험을 나타내는 구문이다.

25 ★★★

I don't think (that) + 절
나는 ∼가 아니라고 생각한다.

예문 I don't think I have any striking features.

연상단어(5개)

* striking feature 현저한 특징

기본적인 구문으로 다양한 글에서 사용한다. 가장 많이 쓰는 표현 중 하나이므로 익혀두자.

26 ★★★★

As far as ∼ is/are concerned, 주어 + 동사
∼에 관한 한 ∼이다.

예문 As far as TV is concerned, 65% of teenagers often watch television.

위 구문 역시 기본적인 표현으로 서론에서 많이 사용한다. 내가 경험하거나 알고 있는 내용을 먼저 기술하고 이와 관련한 문제를 제기하는 구문이다. 'As far as'라는 숙어는 다양한 위치에서 가장 많이 사용하는 숙어이다.

27 ★★★

I have great difficulty (in) + ~ing
나는 ~하는 데 커다란 어려움이 있다.

예문 I have great difficulty getting close to other people.

연상단어(5개)

자주 쓰는 기본적인 구문이다. 'Great'라는 강조 문구가 들어간 표현으로 이슈에 대한 관심을 극대화하거나 현 상황에 대한 비판적인 시각을 표출할 때 유용하게 쓸 수 있다.

28

주어 seem(s) to be typical of ~

(주어)는 전형적인 ~처럼 보인다.

예문 This house seems to be typical of European buildings.

연상단어(5개)

'Typical'이라는 형용사를 사용한 표현으로 주제에 대한 문제를 제기할 때 유용하게 쓸 수 있다. 서론에서 주로 쓰며 '전형적으로 ~라는 이슈는 ~에서 많이 나타난다'라는 의미를 담고 있다. 다양하고 폭넓게 활용할 수 있는 필수 구문이다.

I have never considered + ~ing

나는 ~하는 것을 결코 고려해 본 적이 없다.

예문 I have never considered studying abroad.

연상단어(5개)

'Considered'라는 중요한 표현을 사용한 구문이다. 에세이에서 글의 신뢰성을 더하고 싶을 때 'Considered'라는 표현을 자주 쓰는 경향이 있다. 'Considered'는 'It is considered as + 형용사' 구문으로도 자주 등장한다. 이는 '현상에 대한 사람들의 생각은 일반적으로 ~하다'라는 의미이다. 다음 문장을 예로 살펴보자. 'The issue is considered as very controversial in the political history.' 여기서 'Considered'는 사람들의 일반적인 견해를 나타낸다. 'It is a generally accepted fact that + 절'과 함께 에세이의 초입부에 많이 쓰인다.

30 ★★★★

If my memory serves me right, 주어 + 동사
만약 내 기억이 맞다면 ~이다.

예문 If my memory serves me right, his uncle is a police officer.

연상단어(5개)

위 구문은 '내가 정확히 기억나지는 않지만'이라는 뜻보다는 '내 기억이 맞다'는 뜻으로 내가 경험하거나 느꼈던 일에 대한 회상이나 기억을 논제로 연결할 때 자주 쓰는 구문이다. 'As my memory serves me right'라고도 표현한다.

★★★

I've often thought about + ~ing

나는 종종 ~할까 생각해 보았다.

예문 I've often thought about changing my profession.

연상단어(5개)

수필적인 느낌의 글을 쓸 때 많이 쓰는 표현이다. 회상이나 기억을 토대로 자기 생각을 표현할 때 사용한다.

★★★

32

주어 has/have existed since ~

(주어)는 ~이래 존재했다.

예문 The telephone has existed since the beginning of the 20th century.

연상단어(5개)

서론에 많이 쓰는 대표적인 구문이다. 어떤 주제나 키워드의 역사를 언급하면서 자연스럽게 현재 상황이나 이슈를 끌어낼 수 있는 표현이다.

33 ★★★★

주어 involve(s) ~

(주어)는 ~를 포함한다.

예문 Housework involves caring for the members of the family, cleaning the house and doing the laundry.

연상단어(5개)

'Involve'는 광범위하게 사용하는 동사이다. 자연스러운 문장을 만들어 주는 유용한 동사이다. 위의 구문을 비롯하여 'Involve'를 적재적소에 사용하는 연습을 해보자.

34 ★★★

There aren't enough ~ available

이용 가능한 ~가 충분치 않다.

예문 There aren't enough computers available.

연상단어(5개)

서론에서 많이 쓰는 구문으로 문제 제기나 주제에 관한 환기가 필요할 때 많이 쓴다. 예를 들면 '당연히 이용 가능한 것들이 제대로 관리되고 있지 못하다'는 어투의 문장에 많이 사용하는 표현이다.

35 ★★★★

주어 is/are getting + 비교급
(주어)는 점점 ~해지고 있다.

예문 Jobs are getting scarcer.

연상단어(5개)

* scarcer 부족한

위 구문은 가장 기본적인 구문 중 하나로 다양한 용도로 쓸 수 있다.

36 ★★★

Everyone has some opinion about ~

모든 사람은 ~에 대해 나름의 의견을 갖고 있다.

예문 Everyone has some opinion about politics.

연상단어(5개)

```


```

서론에 많이 쓰는 구문이다. 모두 관심 있어 하는 이슈를 전제로 하는 것으로 논제에 접근할 때 유용하게 사용할 수 있다.

37 ★★★

It keeps + ~ing

계속 ~하고 있다.

예문 It keeps changing.

연상단어(5개)

```


```

가장 기본적인 구문 중 하나로 다양한 용도로 쓸 수 있다.

38

A and B are not necessarily synonymous
A와 B는 꼭 동의어는 아니다.

예문 Work and job are not necessarily synonymous.

연상단어(5개)

서론에서 문제 제기의 용도로 많이 쓰는 구문이다. A가 항상 B가 되어야 한다
는 주장에 대한 반박이나 A가 다양한 방식으로 고려되어야 한다는 내용이 들어
가야 할 때 많이 사용한다. 서론에서 제대로 사용하면 상당히 세련된 방법으로
독자들의 관심을 끌 수 있는 좋은 구문이다.

주어 am/is/are + 비교급 + than average
∼이 평균보다 더/덜 ∼하다.

예문 The baby is bigger than average.

연상단어(5개)

서론에서 문제 제기의 용도로 많이 쓰는 구문이다. 기대치보다 못 미치는 어떤 이슈를 평가하면서 자연스럽게 논의점을 끌어내는 역할을 한다.

40 ★★★★

주어 might be fun
(주어)는 아마 재미있을 것이다.

예문 Chatting over the Internet might be fun.

연상단어(5개)

논의하거나 언급하고 싶은 주제에 관한 관심을 표현할 때 사용한다.

★★★★

It must have been something + 형용사

그것은 뭔가 ～한 것이었음이 틀림없다.

예문   It must have been something special.

연상단어(5개)

역시 서론에서 문제를 제기할 때 쓰는 유용한 표현 중 하나이다.

★★★

It's far from ～

그것은 ～와는 거리가 멀다.

예문   It's far from sensible.

연상단어(5개)

* sensible 합리적인

서론에서 문제를 제기할 때 쓸 수 있는 가장 기본적이고 유용한 구문 중 하나이다.

주어 is/are called ～

(주어)를 ～라고 부른다.

예문 Most of the smaller marine mammals are called dolphins.

연상단어(5개)

* mammals 포유동물

위 구문은 기본적인 개념을 언급하는 목적으로 사용한다.

44

주어 + 동사, while 주어 + 동사

～하는 반면 ～이다.

예문 Worrisome thoughts have adverse effects, while joyous thoughts have beneficial effects.

연상단어(5개)

* worrisome 걱정스럽게 만드는

서론에 많이 사용하는 구문으로 'While'을 이용한 가장 기본적인 문제 제기 표현법이다.

45 ★★★

주어 has/have the same effect as ~
(주어)는 ~와 같은 효과를 가지고 있다.

예문 It has the same effect as caffeine.

연상단어(5개)

객관적인 사실을 기술할 때 사용하는 표현이다. 서론에서 자주 쓴다.

46 ★★★

주어 seldom + 동사
(주어)는 좀처럼 ~하지 않는다.

예문 I seldom buy music CDs.

연상단어(5개)

위 구문은 기본적인 표현 중 하나로 문제를 제기할 때도 사용한다.

47　　　　　　　　　　　　　　　　★★★

주어 is/are held in ～
(주어)는 ～에서 열린다.

예문　The '88 Summer Olympic Games were held in Seoul.

연상단어(5개)

기본적인 구문 중 하나로 안내문이나 공지에서 많이 사용한다.

48 ★★

주어 is/are well received

(주어)는 호평을 받고 있다.

예문 The orchestra was well received.

연상단어(5개)

평판이나 이슈에 대한 평가에 쓰이며 다양한 용도로 사용할 수 있다.

49 ★★★

It turned out to be ～

결국 ～임이 드러났다.

예문 It turned out to be a great success.

연상단어(5개)

위 표현은 이슈나 문제를 제기할 때 가장 중요하게 쓰이는 표현 중 하나이다.

★★★★

50

The Koreans, as opposed to ～ + 동사
한국인들은 ～와는 달리 ～하다.

예문 The Koreans, as opposed to the Chineses, drink a lot of beer.

연상단어(5개)

생각보다 정말 많이 사용하는 구문이다. 유용하게 쓸 수 있지만 적절히 사용하는 경우가 드물다. 잘 기억하고 적재적소에 쓴다면 좋은 효과를 얻을 수 있을 것이다.

★★★★

I base A on B
나는 A를 B에 기초하고 있다.

예문 I base this assertion on some evidence.

연상단어(5개)

* assertion 주장

'It is based on'의 숙어에서 'I'를 주어로 할 때 쓰는 구문이다. 익숙한 수동태 표현인 'It is based on'보다 신선한 느낌을 줄 수 있다.

52 ★★★★★

I become aware of the fact that + 절
나는 ~라는 사실을 인식하고 있다.

예문 I became aware of the fact that she had been mistaken.

연상단어(5개)

'Know'라는 동사를 고급스럽게 표현할 때 사용하는 구문이다. 혹은 정확히 인식하고 있는 사실이나 'The fact'를 강조할 때도 유용하게 쓸 수 있다. 익숙하게 사용하면 다양한 효과를 얻을 수 있다.

53 ★★★

Curiously enough, 주어 + 동사
아주 신기하게도 ~하다.

예문 Curiously enough, he did not lose his job.

연상단어(5개)

의외로 서론에서 문제를 제기할 때 유용하게 쓸 수 있는 표현이다.

54 ★★★

Either way, 주어 + will + 동사
둘 중 어느 쪽이든 ~할 것이다.

예문 Either way, the structure of the Korean economy will change.

연상단어(5개)

서론과 결론에서 모두 많이 쓰는 구문이다. 서론에서 사용할 때는 '어떤 방식이든 ~해야 한다'는 의미로 쓴다. 결론에서 사용할 때는 '어쨌든 ~가 되어야 한다'라는 의미로 쓸 수 있다.

★★★★

55

주어 fall(s) into three categories

(주어)는 세 가지 부류로 나눠진다.

예문 This type of publication falls into three categories.

연상단어(5개)

서론, 본론, 결론에 상관없이 어디서든지 유용하게 쓸 수 있는 구문이다.

★★★★

From a(n) 형용사 point of view 주어 + 동사

～적 관점에서 ～이다.

예문 From a medical point of view he shows no evidence of illness.

연상단어(5개)

서론에서 가장 많이 쓰는 구문 중 하나이다. 여러 가지 용도로 쓸 수 있는 유용한 표현이다.

57 ★★★

In the course of time 주어 + 동사
시간이 지나면서 ～하다.

예문 In the course of time I got accustomed to my new surroundings.

연상단어(5개)

* accustomed 익숙한

시간의 경과 후 어떤 결과가 초래될지 표현하고 싶을 때 주로 쓴다.

58 ★★★★★

I have no choice but + to 부정사
나는 달리 방법이 없어 ～할 수밖에 없다.

예문 I had no choice but to use force.

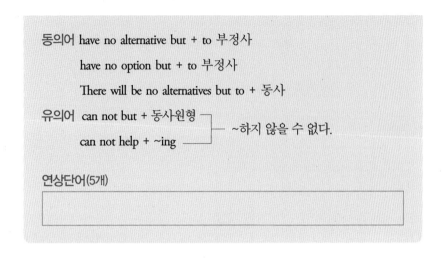

동의어 have no alternative but + to 부정사

　　　have no option but + to 부정사

　　　There will be no alternatives but to + 동사

유의어 can not but + 동사원형 ┐

　　　　　　　　　　　　　├─ ~하지 않을 수 없다.

　　　can not help + ~ing ┘

연상단어(5개)

결론을 도출할 때 쓸 수 있는 구문이다.

★★★

주어 have/has no regard for ~

(주어)는 ~를 존중하지 않는다.

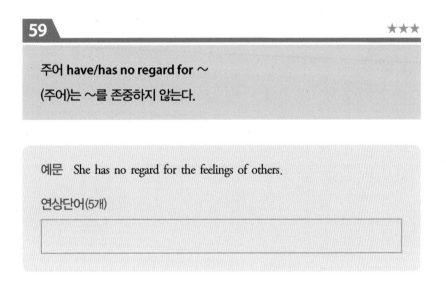

예문 She has no regard for the feelings of others.

연상단어(5개)

서론에 문제를 제기할 때, 사회적 이슈를 언급할 때 자주 쓰는 표현이다.

In 형용사 matters 주어 + 동사

~문제에 있어서 ~하다.

예문 In economic matters decisions must be made quickly.

연상단어(5개)

서론에서 문제 제기와 동시에 주의를 환기하는 역할을 한다.

In this respect 주어 + 동사

이러한 점에서 ~하다.

예문 I have never been ill in my life. In this respect I have been very lucky.

연상단어(5개)

In view of ~ 주어 + 동사

~를 고려하여 ~하다.

예문 In view of these circumstances we decided not to take legal action.

연상단어(5개)

* circumstance 상황

간단한 구문이며 매우 빈번하게 사용하는 표현이다. 결론에서 결과를 도출할 때 주로 사용한다. 'In my view'와 조금 다른 의미로 내 생각을 표현할 때는 'In my opinion/Conceivably' 등의 표현을 쓴다. 위 표현은 'In considering of +명사'와 유사한 표현으로 '~와 같은 상황을 고려할 때'라는 의미로 많이 사용한다.

63

There is no point + ~ing

~를 해봤자 아무 소용이 없다.

예문 There is no point in trying to convince him.

연상단어(5개)

서론에서 문제를 제기할 때 많이 사용하는 구문이다. 그 외에도 다양한 용도로 자주 사용하는 아주 중요한 구문이다.

64   ★★★★★

I will + 동사 + on condition that + 절
나는 ～라는 조건으로 ～할 것이다.

예문   I will sign the contract on condition that you deliver the goods on time.

연상단어(5개)

가장 중요한 구문 중 하나로 'On the condition of 동명사'의 형태로도 많이 이용한다. 결론에서 많이 사용하며 조건부의 결론을 도출할 때 쓴다.

65   ★★★★

주어 result(s) from the fact that + 절
(주어)는 ～라는 사실에서 기인하다.

예문 A lot of problems with teenagers result from the fact that parents are too permissive.

연상단어(5개)

> * permissive 관대한

서론에서 가장 많이 쓰는 구문으로 알아두면 유용하게 쓸 수 있다.

---

66 ★★★★

Personally, I believe (that) + 절
개인적으로 나는 ~라고 믿는다.

예문 Personally, I believe that every human being has the right to equal opportunity.

연상단어(5개)

가장 기본적인 구문 중 하나로 서론에서 다양하게 사용할 수 있다.

★★★★

67

The point is that + 절
요지는 ~라는 것이다.

예문　The point is that women continue to regarded as second rate citizens.

연상단어(5개)

가장 기본적인 구문 중 하나로 몇 가지 요지를 설명할 때, 정리할 때 등 다양하게 사용한다. 서론, 본론, 결론에서 모두 쓴다.

★★★★

The underlying idea of A is B
A에 깔린 기본 생각은 B이다.

예문　The underlying idea of the reform is fair distribution of wealth.

연상단어(5개)

* distribution 재분배

위 구문은 서론에서 문제를 제기할 뿐 아니라 본론이나 결론에서도 자주 쓰는 필수 구문이다.

69 ★★★★

There is no doubt that + 절
틀림없이 ~이다.

예문 In view of these circumstances we decided not to take legal action.

연상단어(5개)

* step up 강화

서론에서 문제를 제기하거나 주의를 환기할 때 사용할 수 있지만 본론과 결론에서도 자주 쓰는 필수 구문이다. 상당한 확신을 표현할 때 자주 사용한다.

70 ★★★★

There is no sense in + ~ing
~해봐야 아무런 의미가 없다.

예문 There is no sense in going on strike.

서론, 본론, 결론에서 모두 유용하게 쓸 수 있는 구문이다. 서론에서는 문제를 제기하기 위한 목적으로 사용하며 본론과 결론에서는 현상을 비판하기 위한 목적으로 사용한다. 'In a sense that + 절'이나 'The thing is that + 절' 등과 함께 다양하고 폭넓은 범위에 쓸 수 있는 필수 암기 구문이다.

71   ★★★

주어 vary/varies from place to place
~는 곳에 따라 다르다.

예문 Customs vary from place to place.

연상단어(5개)

서론에서 문제를 제기할 때 많이 쓴다. 'Varies from time to time' 혹은 'Varies from case to case' 등과 함께 상황에 따라 달라질 수 있다는 조심스러운 뉘지를 펼 때 사용할 수 있다.

★★★★★

72

주어 have/has great flexibility of use

(주어)는 매우 다양한 용도로 사용된다.

예문 This book has great flexibility of use.

연상단어(5개)

'Flexibility'를 사용한 구문 중 하나이다. 결론을 도출할 때 주로 사용한다.

★★★

주어 begin(s) with A and ends with B

(주어)는 A로 시작해서 B로 끝난다.

예문 The film begins with the death of a woman and ends with her revenge.

연상단어(5개)

서론에서 문제 제기의 목적으로 많이 사용할 뿐 아니라 본론, 결론에서 현상에 대해 비판할 때도 자주 쓰는 필수 구문이다. 예문처럼 사실을 묘사하는 경우에 사용하며 논점이 되는 현상을 뒷받침할 때도 유용하게 쓴다.

74 ★★★

I am very good at + ~ing
나는 ~를 아주 잘한다.

예문 I am very good at fixing mechanical things.

연상단어(5개)

1인칭 주인공 시점을 묘사하거나 표현할 때 많이 쓰는 표현이다. 'I' 대신 사물이나 다른 대상을 넣어 이슈를 표현하기도 한다. 하지만 주로 자신의 상태나 능력을 묘사하는 데 사용한다.

75 ★★★★★

First of all, it is important to know what 주어 is/are
우선 (주어)가 무엇인지를 아는 것이 중요하다.

예문 First of all, it is important to know what your aptitude is.

연상단어(5개)

서론에서 문제를 제기할 때뿐만 아니라 본론이나 결론에서도 자주 사용하는 필수 구문이다.

76 ★★★

주어 is/are roughly triangular in shape

(주어)는 거의 모양이 삼각형이다.

예문 South America is roughly triangular in shape.

연상단어(5개)

주로 어떤 현상이나 대상에 대해 사실적으로 묘사할 때 쓰는 구문이다.

77

Where it can apply is in A that require(s) B

그것이 적용될 수 있는 곳은 B가 요구되는 A 분야이다.

예문 Where it can apply is in sports that requires skill and practice.

연상단어(5개)

서론에서 문제를 제기할 때뿐만 아니라 본론이나 결론에서도 자주 사용하는 필수 구문이다.

주어 is/are more influenced by ～ than might be thought

(주어)는 생각보다 ～의 영향을 더욱 많이 받았다.

예문 Hiphop is more influenced by reggae music than might be thought.

연상단어(5개)

상당한 확신을 표현할 때 자주 쓰이며 'more + affected'와 비슷한 표현이다. 'More'라는 단어가 들어가 이슈에 대한 강조가 극대화된다. 서론에서 문제를 제기하거나 주의를 환기할 때뿐 아니라 본론, 결론에서도 자주 사용하는 필수 구문이다.

79 ★★★★★

The other side of the coin is A, B
문제의 또 다른 측면은 A, 즉 B이다.

예문 The other side of the coin is tolerance, an acceptance of people and situations.

연상단어(5개)

| |
| |

* tolerance 용인

문제 제기를 통해 논의를 시작할 때 많이 사용한다. 따라서 서론에서도 많이 이용하지만 본론이나 결론에서도 유용하게 사용하는 필수 구문이다.

80 ★★★★★

주어 is/are associated with ~, either directly or indirectly
(주어)는 직접적이든 간접적이든 ~와 연관이 있다.

Postures are associated with emotional states, either directly or indirectly.

연상단어(5개)

서론에서 문제를 제기하거나 주의를 환기할 때뿐만 아니라 본론이나 결론에서도 자주 사용하는 필수 구문이다. 상당한 확신을 표현할 때 자주 사용하는 구문이다. 이처럼 문장 전체에 걸쳐 유용하게 쓸 수 있는 구문이므로 익혀서 자주 사용한다면 긍정적인 효과를 가져올 수 있다. 유사한 표현으로 'It is inextricably linked to+명사'가 있다. 여기서 'Inextricably(떼어 놓을 수 없을 정도의 밀접한 관계를 의미)'와 'Link'를 함께 쓰는 것은 상당히 세련된 표현이다.

81 ★★★★★

The extent of A varies according to B
A의 정도는 B에 따라 다르다.

예문 The extent of addiction varies according to the person and the drug.

연상단어(5개)

문제 제기를 통해 논의를 시작하고자 할 때 많이 사용하는 표현이다. 따라서 서론에서도 많이 이용하지만 본론이나 결론에서도 유용하게 사용하는 필수 구문이다.

82   ★★★

When we think of A, we tend to think about B
A에 대해서 생각할 때 우리는 B를 생각하는 경향이 있다.

예문 When we think of the environment, we tend to think about energy, pollution, conservation, etc.

연상단어(5개)

마찬가지로 문제 제기를 통해 논의를 시작하고자 할 때 많이 사용하는 표현이다. 따라서 서론에서도 많이 이용하지만 본론이나 결론에서도 유용하게 사용하는 필수 구문이다.

83   ★★★★★

주어 is/are of any age and walk of life
(주어)는 모든 연령과 계층을 망라한다.

예문 People who are addicted to drugs are of any age and walk of life.

연상단어(5개)

서론에서 통계적으로 문제를 제기하고 주의를 환기하기 위해 이용한다. 본론과 결론에서도 유용하게 사용하는 필수 구문이다.

84 ★★★★★

주어 range(s) in length from A to B

(주어)는 길이가 A에서 B이다.

예문 The whales range in length from about 1.3 meters to 5 meters.

연상단어(5개)

서론에서 통계적인 묘사를 할 때 자주 사용한다.

★★★★★

85

The 비교급 + 주어 + 동사, the 비교급 + 주어 + 동사
~하면 할수록 점점 ~하다.

예문 The longer he continues taking pills, the harder a cure will be.

연상단어(5개)

문제 제기를 통해 논제를 분석하고자 할 때 사용한다. 서론에서 문제를 제기
하거나 주의를 환기할 때뿐만 아니라 본론이나 결론에서도 자주 사용하는 필수
구문이다.

★★★★★

주어 is/are unlikely unless + 절
만약 ~하지 않으면 (주어)는 가능성이 거의 없다.

예문 This is unlikely unless the anti-pollution law is passed.

연상단어(5개)

주로 결론에서 자주 쓰는 필수 구문이다. 결론을 도출하여 주장을 펼치고자
할 때 많이 사용한다.

87 ★★★★★

For whatever reason it is + 형용사 + to 부정사
이유야 어떻든 ~하는 것은 ~한 일이다.

예문   For whatever reason it is pleasant to share a room with friends.

연상단어(5개)

문제 제기를 통해 논의를 시작하고자 할 때 많이 사용하는 표현이다. 따라서 서론
에서도 많이 이용하지만 본론이나 결론에서도 유용하게 사용하는 필수 구문이다.

88 ★★★★★

First of all, I'd touch on ~
우선 ~에 대해 간략히 언급하겠다.

예문   First of all, I'd touch on the need to discuss this subject.

문제 제기를 통해 논의를 시작하고자 할 때 많이 사용하는 표현이다. 서론에서도 많이 이용하지만 본론이나 결론에서도 유용하게 사용하는 필수 구문이다.

89 ★★★★★

This will help (you) decide which is + 최상급
이는 어떤 것이 가장 ~인지를 결정하는 데 도움을 줄 것이다.

예문   This will help you decide which is the most appropriate.

연상단어(5개)

문제 제기를 통해 논의를 시작하고자 할 때 많이 사용한다. 서론이나 본론에서 문제를 제기하거나 주의를 환기할 때뿐만 아니라 결론에서도 유용하게 쓰는 필수 구문이다. 특히 결론에서는 권고나 문제의 해결 방법에 대한 설명에 자주 이용한다.

★★★★

There are sharp contrasts between A according to B
B에 따라 A에 현저한 차이가 있다.

예문 There are sharp contrasts between modes of travel according to sex and income.

연상단어(5개)

비교 · 분석을 목적으로 논지를 확장해 나갈 때 많이 사용한다. 서론이나 본론에서 많이 쓴다. 문제를 제기하거나 주의를 환기할 때뿐 아니라 논의를 시작하고자 할 때도 이용한다.

★★★

I believe it important that + 절
나는 ～가 중요하다고 믿는다.

예문 I believe it important that these claims should be widely known.

연상단어(5개)

결론에서 자주 쓰는 필수 구문이다. 결론 도출을 통해 논의를 마무리하고자 할 때 많이 사용한다.

92 ★★★

It tells well how + 절
그것은 ~가 어떻게 ~되었는지를 잘 말해준다.

예문   It tells well how procedures were ignored.

연상단어(5개)

* procedures 과정

문제 제기를 통해 논의를 시작하고자 할 때 많이 이용한다. 서론이나 본론에서 문제를 제기하거나 주의를 환기할 때뿐만 아니라 결론에서도 사용하는 필수 구문이다.

93 ★★★★★

It's common knowledge that + 절
~는 모두가 다 아는 사실이다.

예문   It's common knowledge that the US president Clinton is a womanizer.

문제 제기를 통해 논의를 시작하고자 할 때 많이 이용한다. 서론이나 본론에서 문제를 제기하거나 주의를 환기할 때뿐만 아니라 결론에서도 자주 사용하는 필수 구문이다.

94 ★★★★★

주어 is/are largely due to the fact that + 절
(주어)는 대체로 ∼라는 사실에 기인한다.

예문 My resentment towards Karen is largely due to the fact that she solely occupies the room.

연상단어(5개)

* resentment 분함
* solely 오로지

'It is because'라는 문장보다 좀 더 세련된 표현으로 상당히 좋은 효과를 낼 수 있는 구문이다. 문제를 제기하여 논의를 시작하고자 할 때 많이 사용한다. 수의를 환기할 때도 사용한다. 서론, 본론, 결론 모두에서 쓸 수 있다.

★★★★★

주어 is/are a vital factor in + ~ing

(주어)는 ~를 하는 데 없어서는 안 될 요소이다.

예문 TV is a vital factor in holding a family together.

연상단어(5개)

서론에서 문제를 제기하거나 주의를 환기할 때뿐만 아니라 본론과 결론에서도 자주 이용하는 필수 구문이다. 결론을 도출할 때 사용한다면 세련된 느낌을 줄 수 있다.

★★★★★

If 주어 keep(s) + ~ing, eventually 주어 will + 동사

만약 (주어)가 계속 ~한다면 결국 ~할 것이다.

예문 If you keep talking about something for long enough, eventually people will pay attention to you.

연상단어(5개)

서론에서 문제를 제기하거나 주의를 환기할 때뿐만 아니라 본론과 결론에서도 자주 이용하는 필수 구문이다. 결론을 도출할 때 사용한다면 세련된 느낌을 줄 수 있다.

97 ★★★★★

It's only a matter of time before + 절
~하는 것은 단지 시간문제일 뿐이다.

예문 It's only a matter of time before we can find any evidence.

연상단어(5개)

서론에서 문제를 제기하거나 주의를 환기할 때뿐만 아니라 본론과 결론에서도 자주 이용하는 필수 구문이다. 결론을 도출할 때 사용한다면 세련된 느낌을 줄 수 있다.

98 ★★★★★

It's open to question that + 절
~는 의문의 여지가 있다.

예문 It's open to question that the central bank raised the interest rate last month.

연상단어(5개)

서론에서 문제를 제기하거나 주의를 환기할 때뿐만 아니라 본론과 결론에서도 자주 이용하는 필수 구문이다. 결론을 도출할 때 사용한다면 세련된 느낌을 줄 수 있다.

99 ★★★★★

주어 might + 동사원형, rather than + 동사원형
~하느니 차라리 ~하는 편이 낫겠다.

예문 You might go and change that product, rather than go on feeling
       bad about it.

연상단어(5개)

서론에서 문제를 제기하거나 주의를 환기할 때뿐만 아니라 본론과 결론에서도 자주 이용하는 필수 구문이다.

Special care should be taken in + ~ing

∼하는 데는 각별한 주의가 요구된다.

예문 Special care should be taken in interpreting economic statistics.

연상단어(5개)

* statistic 통계

결론에서 자주 쓰는 표현이다. 결론 도출 시에 유용한 역할을 하기도 하는 필수 암기 구문이다.

Many people still consider it odd that + 절

많은 사람이 아직도 ∼라는 사실을 기이하게 여긴다.

예문 Many people still consider it odd that a woman can make a political career.

연상단어(5개)

서론에서 문제를 제기하거나 주의를 환기할 때뿐만 아니라 본론과 결론에서도 자주 이용하는 필수 구문이다. 결론 도출 시에 유용한 역할을 하기도 한다.

102 ★★★★★

주어 has/have more pitfalls than people realize
(주어)에는 사람들이 인식하는 것보다 더 많은 함정이 도사리고 있다.

예문 Sometimes being married has more pitfalls than people realize.

연상단어(5개)

당연하게 여겨지거나 경시되는 이슈에 대해 새로운 문제를 제기할 때 사용한다. 이 구문을 사용하면 이전과는 다른 다양한 시각을 요구할 수 있다. 따라서 서론에서 많이 쓰이며 본론과 결론에서도 자주 이용하는 필수 구문이다.

103 ★★★★★

A problem has arisen with ～
～에 문제가 생겼다.

예문 Recently, a problem has arisen with the British Royal Family.

연상단어(5개)

서론에서 문제를 제기하거나 주의를 환기할 때뿐 아니라 이슈에 관해 설명할 때도 자주 사용한다. 본론, 결론에서도 자주 쓰는 필수 구문이며 결론 도출 시에 유용한 역할을 한다.

104 ★★★★★

A solution to the problem may lie in + ∼ing
문제의 해결책은 ∼하는 데 있는 듯하다.

예문 A solution to the problem may lie in using an alternative means of transport the bicycle.

연상단어(5개)

서론에서 문제를 제기하거나 주의를 환기할 때뿐만 아니라 본론과 결론에서도 자주 이용하는 필수 구문이다. 결론 도출 시에 유용한 역할을 하기도 하는 표현이다.

★★★★

주어 **will make** + 목적어 + 형용사(A) **as well as** 형용사(B)

(주어)는 ～를 B할 뿐 아니라 A하게 만들어 줄 것이다.

예문   It will make driving more comfortable as well as safe.

연상단어(5개)

서론의 초반부에서 주의를 환기할 때 사용한다. 본론이나 결론에서도 자주 쓰는 필수 암기 구문이며, 결론 도출 시에 유용한 역할을 한다.

★★★

Of ～ 주어 + 동사

～ 중에서 ～이다.

예문   Of the major world religions Buddhism adopts a vegetarian diet.

연상단어(5개)

The number of A is estimated at B

A의 수는 B로 추산된다.

예문 The number of vegetarians in Europe is estimated at several million.

연상단어(5개)

통계적 증거를 거론할 때 사용한다. 서론에서 주의를 환기할 때뿐 아니라 본론이나 결론에서도 유용하게 쓰는 필수 구문이다. 결론 도출 시 유용한 역할을 하기도 한다.

There is certainly a tendency for 의미상 주어 +to 부정사

～는 확실히 ～하는 경향이 있다.

예문 There is certainly a tendency for vegetarians to have lower calorie intakes than people on mixed diets.

연상단어(5개)

* intake 섭취

서론에서 주의를 환기할 때뿐 아니라 본론이나 결론에서도 유용하게 자주 쓰이는 필수 구문이다. 결론 도출 시에 유용한 역할을 하기도 한다.

109 ★★★★

주어 is/are the finest thing that can happen to ～
(주어)는 ～에게 일어날 수 있는 가장 멋진 일이다.

예문   Receiving a present is the finest thing that can happen to a child.

연상단어(5개)

'Finest' 대신 'Worst'나 다른 최상급 표현으로 대체하여 사용할 수 있다. 서론에서 많이 이용하는 구문으로 이슈에 대한 호기심을 극대화할 수 있다.

주어 is generally recognized as (being) + 최상급 + of its kind
(주어)는 일반적으로 그런 부류로는 가장 ~한 것으로 인정받고 있다.

예문 The school program is generally recognized as being the most successful of its kind.

연상단어(5개)

다양하게 이용하는 매우 중요한 표현으로 'Recognized'를 'Accepted'나 'Acknowledged'로 교체하여 사용할 수 있다. 서론에서 주의를 환기할 때뿐 아니라 본론이나 결론에서도 자주 쓴다. 결론 도출 시에 유용한 역할을 하기도 하는 필수 암기 구문이다.

People are not aware of the terrible effects (that) 주어 + could have
사람들은 (주어)가 가질 수 있는 끔찍한 영향력에 대해 잘 인식하지 못하고 있다.

예문 People are simply not aware of the terrible effects a nuclear bomb could have.

서론에서 주의를 환기할 때뿐 아니라 본론이나 결론에서도 자주 사용한다. 결론 도출 시에 유용한 역할을 하기도 한다.

112 ★★★

As is true of any ～, 주어 + 동사
어느 ～가 모두 그러하듯, ～이다.

예문 As is true of any housework, gardening is tedious.

연상단어(5개)

113 ★★★

It is viewed as a useful alternative way of + ～ing
그것은 ～하는 데 하나의 유용한 대안으로 여겨진다.

예문 It is viewed as a useful alternative way of dealing with these troublesome school problems.

연상단어(5개)

서론에서 주의를 환기할 때뿐 아니라 본론이나 결론에서도 자주 사용한다. 결론 도출 시에 유용한 역할을 하기도 한다.

114 ★★★

I don't know what it's like + to 부정사
나는 ~하는 게 어떤 기분인지 잘 모르겠다.

예문 I don't know what it's like to be a star.

연상단어(5개)

서론에서 주의를 환기할 때뿐 아니라 본론이나 결론에서도 자주 사용한다. 결론 도출 시에 유용한 역할을 하기도 한다.

115 ★★★★

It's quite easy to differentiate between A and B
A와 B를 구분하는 것은 무척 쉬운 일이다.

예문 It's quite easy to differentiate between a middle-class and a working-class child.

연상단어(5개)

서론에서 주의를 환기할 때뿐 아니라 본론이나 결론에서도 자주 사용한다. 결론 도출 시에 유용한 역할을 하기도 한다.

116 ★★★★

This indicates the degree to which + 절
이것은 ~하는 정도를 가리킨다.

예문 This indicates the degree to which a person is influenced by what he learnt as a child.

연상단어(5개)

통계적 증거를 바탕으로 하는 구문이다. 서론에서 주의를 환기할 때뿐 아니라 본론이나 결론에서도 자주 사용한다. 결론 도출 시에 유용한 역할을 하기도 한다.

117 ★★★★

Conceivably, 주어 is/are the thing for ～
생각건대 (주어)가 ～에게 안성맞춤인 듯싶다.

예문 Conceivably, more creative work is the thing for me.

연상단어(5개)

'Conceivably'는 'I think'와 'I guess'의 사이 정도의 확신이 있을 때 쓰는 표현이다. 위의 구문은 서론뿐 아니라 본론이나 결론에서도 자주 사용한다. 결론 도출 시에 유용한 역할을 하기도 한다.

118 ★★★★

I sympathize with A but am disappointed at B
나는 A에는 동감하지만, B에는 실망하고 있다.

예문 I sympathize with his idea but am disappointed at his way of working.

연상단어(5개)

서론에서 주의를 환기할 때뿐 아니라 본론이나 결론에서도 자주 사용한다. 결론 도출 시에 유용한 역할을 하기도 한다.

119 ★★★★

It's really A but at times rather B
그것은 정말 A하지만, 때로 다소 B한 일이다.

예문 It's really exciting but at times rather time-consuming.

연상단어(5개)

* time-consuming 시간이 소비되는

서론에서 주의를 환기할 때뿐 아니라 본론이나 결론에서도 자주 사용한다. 결론 도출 시에 유용한 역할을 하기도 한다.

★★★★

I think it's high time (that) 주어 + 과거동사
나는 바로 지금이 ~해야 할 때라고 생각한다.

예문 I think it's high time she went on a diet.

연상단어(5개)

> 결론에서 유용하게 쓰는 필수 암기 구문이다. 결론 도출 시에 유용한 역할을 하기도 한다.

★★★★★

The most enjoyable aspect of ~ is the fact that + 절
~에서 가장 흥미로운 측면은 ~라는 사실이다.

예문 The most enjoyable aspect of my work is the fact that I am a freelance.

연상단어(5개)

서론에서 주의를 환기할 때뿐 아니라 본론이나 결론에서도 자주 사용한다. 결론 도출 시에 유용한 역할을 하기도 한다.

122 ★★★

Some + 동사, while others + 동사
일부는 ～한 반면, 다른 이들은 ～하다.

예문 Some feel a great sense of obligation, while others do not care at all.

연상단어(5개)

* obligation 의무

서론에서 주의를 환기할 때뿐 아니라 본론이나 결론에서도 자주 사용한다. 결론 도출 시에 유용한 역할을 하기도 한다.

123 ★★★★

주어 is/are the rule rather than the exception
(주어)는 예외라기보다는 하나의 대세이다.

예문 Nowadays, job mobility is the rule rather than the exception.

연상단어(5개)

* mobility 유동성

서론에서 주의를 환기할 때뿐 아니라 본론이나 결론에서도 자주 사용한다. 결론 도출 시에 유용한 역할을 하기도 한다.

124 ★★★★★

What's ～ to me may not be ～ to someone else
내게는 ～한 것이 다른 사람에게는 ～하지 않을 수 있다.

예문 What's interesting to me may not be interesting to someone else.

연상단어(5개)

서론에서 주의를 환기할 때뿐 아니라 본론이나 결론에서도 자주 사용한다. 결론 도출 시에 유용한 역할을 하기도 한다.

It seems like only yesterday that + 절
~한 것이 마치 어제 일처럼 여겨진다.

예문 It seems like only yesterday that we were married.

연상단어(5개)

개인의 경험을 바탕으로 한 구문이다. 서론에서 주의를 환기할 때뿐 아니라 본론이나 결론에서도 자주 사용한다. 결론 도출 시에 유용한 역할을 하는 필수 암기 구문이다.

I haven't made up my mind about whether I + 동사 + or + 동사
나는 ~를 할지 혹은 ~를 할지에 대해 마음을 정하지 못했다.

예문 I haven't made up my mind about whether I want to be a programmer or run a convenience store later.

개인의 경험을 바탕으로 느낌이나 감정을 서술하는 글에 쓰는 표현이다. 서론
에서 주의를 환기할 때뿐 아니라 본론이나 결론에서도 자주 사용한다. 결론 도
출 시에 유용한 역할을 하는 필수 암기 구문이다.

127 ★★★★

Whether or not + 절, 주어 + should + 동사
~이든 아니든, ~해야 한다.

예문 Whether or not you are young, we should keep fit.

연상단어(5개)

서론에서 주의를 환기할 때뿐 아니라 본론이나 결론에서도 자주 사용한다. 결
론 도출 시에 유용한 역할을 하는 필수 암기 구문이다.

That depends on how 형용사(부사) + 주어 + 동사

그것은 얼마나 ～하느냐에 달려 있다.

예문　That depends on how efficient it is.

연상단어(5개)

결론에서 사용할 수 있는 표현이다. 결론 도출 시에 유용한 역할을 하는 필수
암기 구문이다.

주어 tailor(s) ～ to one's individual needs

(주어)는 개인의 필요에 따라 맞춤식으로 ～를 만든다.

예문　The students can tailor the program to their individual needs.

연상단어(5개)

서론에서 주의를 환기할 때뿐 아니라 본론이나 결론에서도 자주 사용한다. 결론 도출 시에 유용한 역할을 하는 필수 암기 구문이다.

130 ★★★★

주어 is/are believed to be conducive to ～
(주어)는 ～에 도움이 될 것으로 생각된다.

예문 Yoga is believed to be conducive to a longer, healthier life.

연상단어(5개)

서론에서 주의를 환기할 때뿐 아니라 결론에서도 자주 사용한다. 결론 도출 시에 유용한 역할을 하는 필수 암기 구문이다.

131 ★★★★★

주어 is/are thought to be the result of
(주어)는 ～의 결과로 생각된다.

예문 Illness is thought to be the result of an improper balance of the body's forces.

연상단어(5개)

서론에서 주의를 환기할 때뿐 아니라 본론이나 결론에서도 자주 사용한다. 결론 도출 시에 유용한 역할을 하는 필수 암기 구문이다.

132 ★★★

주어 rose by A to B

(주어)는 A가 올라서 결국 B가 되었다.

예문 Inflation rose by 3% to 9.5%.

연상단어(5개)

통계적 증거를 근거로 하는 구문이다. 서론에서 주의를 환기할 때뿐 아니라 본론이나 결론에서도 자주 사용한다. 결론 도출 시에 유용한 역할을 하는 필수 암기 구문이다.

★★★★

I haven't had the occasion + to 부정사

나는 ~할 기회가 없었다.

예문 I haven't had the occasion to use my medical insurance.

연상단어(5개)

개인적인 경험에 바탕을 두는 표현이다. 서론에서 주의를 환기할 때뿐 아니라 본론이나 결론에서도 자주 사용한다. 결론 도출 시에 유용한 역할을 하는 필수 암기 구문이다.

★★★

All we have to do is + 동사원형

오직 우리가 할 일은 ~하는 것뿐이다.

예문 All we have to do is go and wait for the result.

연상단어(5개)

위 구문은 개인적 경험에 바탕을 두고 결론에서도 유용하게 자주 쓰는 필수 구문이다. 결론 도출 시에 유용한 역할을 한다.

135 ★★★★★

주어 express(es) A in the form of B
(주어)는 B의 형태로 A를 표현한다.

예문 Black people express their feelings about life in the form of gospel music.

연상단어(5개)

서론에서 주의를 환기할 때뿐 아니라 본론이나 결론에서도 자주 사용한다. 결론 도출 시에 유용한 역할을 하는 필수 암기 구문이다.

136 ★★★★

A is/are what B is all about
A는 B의 핵심적인 내용이다.

예문 The search for spiritual consolation is what gospel music is all about.

연상단어(5개)

* consolation 위안

서론에서 주의를 환기할 때뿐 아니라 본론이나 결론에서도 자주 사용한다. 결론 도출 시에 유용한 역할을 하는 필수 암기 구문이다.

137 ★★★★

주어 has/have meaning for ∼ in some way or other

(주어)는 ∼에게 어떤 식으로든 의미를 갖는다.

예문 Music surely has meaning for everyone in some way or other.

연상단어(5개)

서론에서 주의를 환기할 때뿐 아니라 본론이나 결론에서도 자주 사용한다. 결론 도출 시에 유용한 역할을 하는 필수 암기 구문이다.

★★★★★

All that matters is that + 절
오로지 중요한 것은 ～이다.

예문 All that matters now is that the new government implements the necessary reforms without delay.

연상단어(5개)

여러 가지 용도로 사용할 수 있는 구문으로 다양한 문장이나 글에서 광범위하게 쓸 수 있다. 서론에서 주의를 환기할 때뿐 아니라 본론이나 결론에서도 자주 사용한다. 결론 도출 시에 유용한 역할을 하는 필수 암기 구문이다.

★★★★

"～", as the saying goes
속담에도 있듯이, "～"이다.

예문 "Every dog has his day", as the saying goes.

연상단어(5개)

서론에서 주의를 환기할 때뿐 아니라 본론이나 결론에서도 자주 사용한다. 결론 도출 시에 유용한 역할을 하는 필수 암기 구문이다.

140 ★★★★

It is all the more 형용사 as + 절
~함에 따라 더욱 ~하다.

예문 It is all the more serious as productivity has been steadily falling in the last few years.

연상단어(5개)

* productivity 생산성

서론에서 주의를 환기할 때뿐 아니라 본론이나 결론에서도 자주 사용한다. 결론 도출 시에 유용한 역할을 하는 필수 암기 구문이다.

141 ★★★★★

I wonder whether 주어 is/are really based on ~
나는 (주어)가 정말 ~에 근거한 것인지 궁금하다.

예문 I wonder whether this article is really based on facts.

연상단어(5개)

서론에서 주의를 환기할 때뿐 아니라 본론이나 결론에서도 자주 사용한다. 결론 도출 시에 유용한 역할을 하는 필수 암기 구문이다.

142   ★★★★

It is quite right to point out that + 절
~하다는 것은 아주 올바른 지적이다.

예문 It is quite right to point out that most applicants just do not qualify for the job.

연상단어(5개)

* qualify 자격을 얻다

서론에서 주의를 환기할 때뿐 아니라 본론이나 결론에서도 자주 사용한다. 결론 도출 시에 유용한 역할을 하는 필수 암기 구문이다.

★★★★★

It is worth pointing out that + 절
~라는 사실은 지적할 만한 가치가 있다.

예문 It is worth pointing out that pollution has put fish at risk.

연상단어(5개)

'Worth'라는 단어를 사용한 구문으로 가치를 판단할 때 가장 많이 쓰는 표현이다. 서론에서 주의를 환기할 때뿐 아니라 본론이나 결론에서도 자주 사용한다. 결론 도출 시에 유용한 역할을 하는 필수 암기 구문이다.

★★★★★

주어 can be seen from the fact that + 절
(주어)는 ~라는 사실에서 엿볼 수 있다.

예문 The importance of the new law can be seen from the fact that even the opposition has voted for it.

연상단어(5개)

서론에서 주의를 환기할 때뿐 아니라 본론이나 결론에서도 자주 사용한다. 결론 도출 시에 유용한 역할을 하는 필수 암기 구문이다.

145 ★★★★★

Whether 주어 + 동사 (or not) depends on ～

～하느냐의 여부는 ～에 달려 있다.

예문 Whether I can master English or not depends on three factors.

연상단어(5개)

서론에서 주의를 환기할 때뿐 아니라 본론이나 결론에서도 자주 사용한다. 결론 도출 시에 유용한 역할을 하는 필수 암기 구문이다.

> **주어 give(s) + 인칭 목적어 + an insight into ~**
> **(주어)는 ~에게 ~를 간파할 수 있게 해준다.**

예문 Traveling gives you an insight into the mentality of people in
other countries.

연상단어(5개)

서론에서 이슈를 도출하고자 할 때 사용하는 구문이다. 이슈 대상의 장점을
표현하는 구문이다. 서론 외에도 본론이나 결론에서도 자주 사용한다. 결론 도
출 시에 유용한 역할을 하는 필수 암기 구문이다.

> **Irrespective of ~, 주어 + 동사**
> **~에 상관없이 ~하다.**

예문 Irrespective of what side you take, you should start immediate
negotiations.

동의어　Regardless of 주어 + 동사

　　　　Regardless that + 절

연상단어(5개)

* negotiation 교섭

자주 쓰는 필수 암기 구문으로 세련된 표현을 만들 수 있다.

148　　　　　　　　　　　　　　★★★★★

It is needless to say that + 절
~하다는 것은 말할 필요도 없다.

예문　It is needless to say that breaking down the walls of prejudice is difficult.

연상단어(5개)

서론에서 주의를 환기할 때뿐 아니라 본론이나 결론에서도 자주 사용한다. 결론 도출 시에 유용한 역할을 하는 필수 암기 구문이다.

★★★★★

It is a generally accepted truth that + 절
~는 일반적으로 인정된 사실이다.

예문 It is a generally accepted truth that cigarette smoking is harmful to
the health.

연상단어(5개)

'It is a generally accepted fact that + 절'과 함께 자주 사용하는 필수 암기 구문이다. 가장 많이 쓰는 구문 중 하나이며 광범위하게 이용할 수 있다. 서론에서 주의를 환기할 때뿐 아니라 본론이나 결론에서도 자주 사용한다. 결론 도출 시에 유용한 역할을 하는 필수 암기 구문이다.

★★★★★

It takes considerable expertise + to 부정사
~하려면 상당한 전문 지식이 필요하다.

예문 It takes considerable expertise to forecast the fluctuation in stock prices.

연상단어(5개)

* fluctuation 변동
* stock price 주가

서론에서 주의를 환기할 때뿐 아니라 본론이나 결론에서도 자주 사용한다. 결론 도출 시에 유용한 역할을 하는 필수 암기 구문이다.

151 ★★★★★

I would like to make it clear that + 절

나는 ~를 분명히 해두고 싶다.

예문   I would like to make it clear that I am not prejudiced against anyone.

연상단어(5개)

결론에서 자주 사용한다. 결론 도출 시에 유용한 역할을 하는 필수 암기 구문이다.

★★★★★

On the one hand 주어 + 동사, on the other (hand) 주어 + 동사
(주어)는 한편으로는 ～하면서 다른 한편으로는 ～하다.

예문 On the one hand she advocates a classless society, on the other she prides
herself on living in the West.

연상단어(5개)

* advocate 지지하다

서론에서 주의를 환기할 때뿐 아니라 본론이나 결론에서도 자주 사용한다. 결론 도출 시에 유용한 역할을 하는 필수 암기 구문이다.

★★★★★

The main point at issue is whether + 절
주요 쟁점은 ～의 여부이다.

예문 The main point at issue is whether students can carry beepers and
cellular phones at school.

서론에서 주의를 환기할 때뿐 아니라 본론이나 결론에서도 자주 사용한다. 결론 도출 시에 유용한 역할을 하는 필수 암기 구문이다.

154 ★★★★★

I do not see any chance of + ~ing
내가 보기에는 ~할 가능성이 별로 없다.

예문   I do not see any chance of putting these ideas into practice.

연상단어(5개)

서론에서 주의를 환기할 때뿐 아니라 본론이나 결론에서도 자주 사용한다. 특히 결론에서 단정적인 표현을 할 때 많이 이용한다. 결론 도출 시에 유용한 역할을 하는 필수 암기 구문이다.

155

You must take into consideration that + 절

~라는 사실을 고려해야만 한다.

예문 You must take into consideration that the fabric of society in that country is completely different from ours.

연상단어(5개)

서론에서 주의를 환기할 때뿐 아니라 본론이나 결론에서도 자주 사용한다. 특히 결론에서 단정적인 표현을 할 때 많이 이용한다. 결론 도출 시에 논거를 제시하는 역할을 해주기도 하는 필수 암기 구문이다.

156

★★★★★

Taking all that into consideration, I think (that) + 절

그 모든 것을 고려할 때, 나는 ~라고 생각한다.

예문 Taking all that into consideration, I think the whole situation is not as confusing as it looks.

서론에서 주의를 환기할 때뿐 아니라 본론이나 결론에서도 자주 사용한다. 결론에서는 단정적인 표현을 할 때 많이 이용한다. 결론 도출 시에 유용한 역할을 하는 필수 암기 구문이다.

157 ★★★★★

The good thing about ～is that + 절
～의 좋은 점은 ～라는 것이다.

예문 The good thing about it is that you do not need to speak fluent English.

연상단어(5개)

* fluent 유창한

어떤 문제에 대해 상대방이나 대상의 장점을 언급할 때 이용하는 표현이다. 서론에서 주의를 환기할 때뿐 아니라 본론이나 결론에서도 자주 사용한다. 결론 도출 시에 유용한 역할을 하는 필수 암기 구문이다.

★★★★★

The key to A lies in B
A의 열쇠는 B에 있다.

예문 The key to the solution of many social problems lies in a wider understanding of the facts of economic life.

연상단어(5개)

결론에서 자주 사용하는 표현이다. 결론 도출 시에 유용한 역할을 하는 필수 암기 구문이다.

★★★★★

There are always two sides to ～
～에는 늘 양면성이 있다.

예문 There are always two sides to every problem.

연상단어(5개)

동전의 양면과 같이 다양한 논지가 있다는 사실을 언급할 때 이용하는 표현이다. 서론에서 주의를 환기할 때뿐 아니라 본론이나 결론에서도 자주 사용한다. 결론 도출 시에 유용한 역할을 하는 필수 암기 구문이다.

160 ★★★★★

To sum up, we can say that + 절
요컨대 ~라고 말할 수 있다.

예문 To sum up, we can say that women are often superior to men in almost every field.

동의어 In a nutshell 주어 + 동사

　　　To summarize 주어 + 동사

연상단어(5개)

결론에서 자주 사용하는 표현이다. 결론 도출 시에 유용한 역할을 하는 필수 암기 구문이다.

I should treat ～ in some detail

～를 어느 정도 자세히 다루도록 하겠다.

예문 I should treat this subject in some detail.

연상단어(5개)

본론이나 결론에서 자주 사용하는 표현이다. 결론 도출 시에 유용한 역할을 하는 필수 암기 구문이다.

When it comes to ～, 주어 + 동사

～에 관해서라면 ～이다.

예문 When it comes to sports, he is the best in our class.

연상단어(5개)

서론에서 주의를 환기할 때뿐 아니라 본론이나 결론에서도 자주 사용한다. 결론 도출 시에 유용한 역할을 하는 필수 암기 구문이다.

163 ★★★★★

주어 is/are nothing but wishful thinking

(주어)는 단지 희망 사항일 뿐이다.

예문 That is nothing but wishful thinking.

연상단어(5개)

현 이슈에 대해 비판적인 자세를 취할 때 자주 사용하는 표현이다. 서론에서 주의를 환기할 때뿐 아니라 본론이나 결론에서도 자주 사용한다. 결론 도출 시에 유용한 역할을 하는 필수 암기 구문이다.

164 ★★★★★

주어 related to ～ become(s) progressively more comprehensive

(주어)와 관련된 ～가 점점 더 광범위해 지고 있다.

The problems related to the environment become progressively more comprehensive.

연상단어(5개)

점층법漸層法을 통해 서론에서 주의를 환기하고자 할 때 굉장히 유용하게 쓸 수 있는 구문이다. 이 표현을 사용하면 이슈를 극대화하여 호기심을 유발할 수 있다. 서론뿐 아니라 본론이나 결론에서도 자주 사용한다. 결론 도출 시에 유용한 역할을 하는 필수 암기 구문이다.

165 ★★★★★

One of the best ways + to 부정사 seems + to 부정사
~를 잘할 수 있는 최선의 방법 중 하나는 ~인 듯싶다.

예문 One of the best ways to shop seems to prepare in advance by making a list of what you need.

연상단어(5개)

서론에서 주의를 환기할 때뿐 아니라 본론이나 결론에서도 자주 사용한다. 결론 도출 시에 유용한 역할을 하는 필수 암기 구문이다.

166 ★★★★★

I hate + ～ing(A) almost as much as + ～ing(B)
나는 A하는 것만큼이나 B하는 것을 싫어한다.

예문   I hate washing dishes almost as much as doing laundry.

연상단어(5개)

호불호를 나타내는 표현이다. 이슈를 도출할 때 많이 사용한다.

167 ★★★

A (동사) about three times as many/much ～ as B
A는 B보다 약 3배 정도나 많이 ～한다.

예문   The big washing machine holds about three times as many clothes as
          the regular one.

통계적 증거를 바탕으로 하는 구문이다. 서론에서 주의를 환기할 때뿐 아니라 본론이나 결론에서도 자주 사용한다. 결론 도출 시에 유용한 역할을 하는 필수 암기 구문이다.

168 ★★★★★

I always thought it would be much 비교급 + to 부정사

나는 늘 ~하는 것이 훨씬 더/덜 ~할거라고 생각했다.

예문 I always thought it would be much more expensive to repair.

연상단어(5개)

가치 판단의 기준을 제시하는 구문이다. 서론에서 주의를 환기할 때뿐 아니라 본론이나 결론에서도 자주 사용한다. 결론 도출 시에 유용한 역할을 하는 필수 암기 구문이다.

★★★★

Things have changed a lot since ~ for various reasons
여러 가지 이유로 인해 ~이후 세상이 많이 변했다.

예문 Things have changed a lot since the 1950s for various reasons.

연상단어(5개)

개인적 경험을 기반으로 하는 구문으로 서론에서 주의를 환기할 때뿐 아니라 본론이나 결론에서도 자주 사용한다. 결론 도출 시에 유용한 역할을 하는 필수 암기 구문이다.

★★★★

주어 + 동사 + too 형용사(부사) + to 부정사
(주어)는 너무 ~하여 ~할 수가 없다.

예문 I was too nervous about the exam result to eat the food.

연상단어(5개)

'Enough to'로 대체 할 수 있는 구문으로 개인적 경험을 토대로 한다. 서론에서 주의를 환기할 때뿐 아니라 본론이나 결론에서도 자주 사용한다. 결론 도출시에 유용한 역할을 하는 필수 암기 구문이다.

171　★★★

Soon after 주어 had + 과거분사, 주어 started + to 부정사
(주어)는 ~한지 얼마 되지 않아 ~하기 시작했다.

예문　Soon after I had left my country, I started to feel homesick.

연상단어(5개)

* homesick 향수병을 앓는

개인적인 경험과 현상의 묘사를 바탕으로 하는 표현이다. 서론에서 주의를 환기할 때뿐 아니라 본론이나 결론에서도 자주 사용한다. 결론 도출 시에 유용한 역할을 하는 필수 암기 구문이다.

172　★★★★

What is interesting about ~ is not A, but B
~에 관해서 흥미로운 것은 A가 아니라 B이나.

예문 What is interesting about money is not its value, but the behavior of people toward it.

연상단어(5개)

서론에서 주의를 환기할 때뿐 아니라 본론이나 결론에서도 자주 사용한다. 결론 도출 시에 유용한 역할을 하는 필수 암기 구문이다.

173 ★★★

The discussion is on ～ and it stands regardless of ～
이 논의는 ～에 관한 것으로 ～와는 관계가 없다.

예문 The discussion is on basic body shape and it stands regardless of what you weigh and how fat you may be.

연상단어(5개)

상당히 유용한 구문 중 하나로 논점을 부각하고자 할 때 이용한다. 서론에서 주의를 환기할 때뿐 아니라 본론이나 결론에서도 자주 사용한다. 결론 도출 시에 유용한 역할을 하는 필수 암기 구문이다.

174 ★★★★

Usually, the way 주어 + 동사 reveals ~
보통 ~하는 모습은 ~를 잘 드러낸다.

예문 Usually, the way someone speaks reveals his or her character.

연상단어(5개)

서론에서 주의를 환기할 때뿐 아니라 본론이나 결론에서도 자주 사용한다. 결론 도출 시에 유용한 역할을 하는 필수 암기 구문이다.

175 ★★★

The reasons for ~ are as varied as ~
~의 이유들은 ~만큼이나 다양하다.

예문 Their reasons for taking drugs are as varied as the environments in which they live.

연상단어(5개)

서론에서 주의를 환기할 때뿐 아니라 본론이나 결론에서도 자주 사용한다. 결론 도출 시에 유용한 역할을 하는 필수 암기 구문이다.

176 ★★★★

In some cases 주어 + 동사; in others 주어 + 동사
일부 경우들에선 ～인 반면, 다른 경우들에선 ～이다.

예문 In some cases addiction will be lifelong; in others it may be a temporary phase.

연상단어(5개)

* lifelong 일생의

서론에서 다양한 주제를 언급하여 주의를 환기할 수 있는 구문이다. 본론이나 결론에서도 자주 사용한다. 결론 도출 시에 유용한 역할을 하는 필수 암기 구문이다.

177 ★★★★

The aim is to make the public more aware of ～
목표는 대중들이 ～에 대해 더 잘 인식하게 하는 것이다.

예문 The aim is to make the public more aware of the wildlife's plight.

연상단어(5개)

* plight 곤경

서론에서 주의를 환기할 때뿐 아니라 본론이나 결론에서도 자주 사용한다. 결론 도출 시에 유용한 역할을 하는 필수 암기 구문이다.

178 ★★★★

주어 + 동사 in a way similar to that of ～, though + 형용사
비록 ～하지만 ～와 유사한 방법으로 ～한다.

예문 This machine works in a way similar to that of a computer, though slow-
      moving.

연상단어(5개)

일반적인 트렌드나 경향에 대한 묘사와 함께 사용하는 표현이다. 서론에서 주의를 환기할 때뿐 아니라 본론이나 결론에서도 자주 사용한다. 결론 도출 시에 유용한 역할을 하는 필수 암기 구문이다.

179 ★★★★

For most people it is not only ～ which is/are important, but ～(as well)
대부분 사람에게 중요한 것은 ～뿐만 아니라 ～이다.

예문 For most people it is not only the type of housing which is important,
but the whole neighborhood as well.

연상단어(5개)

이미 잘 알려진 'Not only but also'가 포함된 구문이다. 서론에서 주의를 환기할 때뿐 아니라 본론이나 결론에서도 자주 사용한다. 결론 도출 시에 유용한 역할을 하는 필수 암기 구문이다.

180 ★★★★★

I am so disenchanted with ～ that + 절
나는 ～에 환멸을 느껴서 ～한다.

예문 I was so disenchanted with life in a big city that I decided to give up my
job and make a fresh start somewhere in the country.

개인적 경험을 바탕으로 강력한 호기심을 자극하는 구문이다. 서론에서 주의를 환기할 때뿐 아니라 본론이나 결론에서도 자주 사용한다. 결론 도출 시에 유용한 역할을 하는 필수 암기 구문이다.

181 ★★★★★

I think it no longer makes sense that + 절
나는 ~하는 것이 더 이상 무의미하다고 생각한다.

예문 I think it no longer makes sense that the universities remain in a densely populated part of Seoul.

연상단어(5개)

* densely 밀집하여

서론에서 주의를 환기할 때뿐 아니라 본론이나 결론에서도 자주 사용한다. 결론 도출 시에 유용한 역할을 하는 필수 암기 구문이다.

★★★★★

Whether or not + 절 is just a matter of opinion

~인지 여부는 단지 견해 차이에 불과하다.

예문 Whether of not it's healthier to be a vegetarian is just a matter of opinion.

연상단어(5개)

단정적인 주장을 전개하고자 할 때 이용하는 표현이다. 서론에서 주의를 환기할 때뿐 아니라 본론이나 결론에서도 자주 사용한다. 결론 도출 시에 유용한 역할을 하는 필수 암기 구문이다.

★★★★

You can blame ~ for the fact that + 절

~라는 사실의 원인으로 ~를 탓할 수 있다.

예문 You can blame TV for the fact that children take longer to learn to read these days.

    자신의 가치 판단 기준으로 하는 표현이다. 서론에서 주의를 환기할 때뿐 아니라 본론이나 결론에서도 자주 사용한다. 결론 도출 시에 유용한 역할을 하는 필수 암기 구문이다.

184 ★★★★

The trouble is that when + 절 we don't know how + 절
문제는 우리가 ～를 하면서도 어떻게 ～하는지를 모른다는 사실이다.

예문 The trouble is that when we look at the photo we don't know how the photo was taken.

    여러 가지 사실 관계를 바탕으로 하는 구문으로 '논제를 시작해 보자'는 의도로 쓸 수 있다. 서론에서 주의를 환기할 때뿐 아니라 본론이나 결론에서도 자주 사용한다. 결론 도출 시에 유용한 역할을 하는 필수 암기 구문이다.

★★★★

It may be useful to refer to ～ + to 부정사

～하는데 ～를 참조하면 유익할 것이다.

예문   It may be useful to refer to a business dictionary to read financial pages in the newspaper.

연상단어(5개)

★★★★

Part of the reason for ～ may lie in + ～ing

부분적으로 ～의 이유는 ～하는 데 있는 듯하다.

예문   Part of the reason for this may lie in people choosing a holiday that is unsuitable for them.

연상단어(5개)

* unsuitable 부적절한

사실 관계 파악의 중요성을 언급하며 함께 사용하기 좋은 표현이다. 서론에서 주의를 환기할 때뿐 아니라 본론이나 결론에서도 자주 사용한다. 결론 도출 시에 유용한 역할을 하는 필수 암기 구문이다.

187 ★★★★

It is not common these days to hear of ~
~에 대한 이야기를 듣는 것이 요즘엔 꽤 흔한 일이다.

예문   It is not common these days to hear of people who become disenchanted with city life.

연상단어(5개)

> * disenchant 환멸을 느끼게 하는

요즘 이슈가 되고 있는 문제에 대해 화두를 던질 때 이용하는 표현이다. 서론에서 주의를 환기할 때뿐 아니라 본론이나 결론에서도 자주 사용한다. 결론 도출 시에 유용한 역할을 하는 필수 암기 구문이다.

188 ★★★★

More and more people are finding it increasingly stressful + to 부정사
더욱 많은 사람이 ~하는 것을 점점 더 스트레스로 생각하고 있다.

예문 More and more people are finding it increasingly stressful to commute
to work.

연상단어(5개)

* commute 통근하다

이슈를 다시 한번 재조명하는 의도로 쓸 이용할 수 있는 구문이다. 서론에서
주의를 환기할 때뿐 아니라 본론이나 결론에서도 자주 사용한다. 결론 도출 시
에 유용한 역할을 하는 필수 암기 구문이다.

★★★★

주어 will come as quite a shock if + 절
만약 ~한다면 (주어)는 꽤 큰 충격일 것이다.

예문 Sex education at school will come as quite a shock if you've been
accustomed to a regular curriculum.

연상단어(5개)

* accustom 익히다
* curriculum 교육과정

서론에서 주의를 환기할 때뿐 아니라 본론이나 결론에서도 자주 사용한다. 결론 도출 시에 유용한 역할을 하는 필수 암기 구문이다.

190 ★★★

Traditionally, 주어 has/have always been ～, for 주어 + 동사
전통적으로 (주어)는 늘 ～이었다. 왜냐하면 ～하기 때문이다.

예문 Traditionally, auto-racing has always been a man's sport, for it takes a great deal of stamina.

연상단어(5개)

* auto racing 자동차 경주

역사적인 사실을 바탕으로 하는 표현이다. 서론에서 주의를 환기할 때뿐 아니라 본론이나 결론에서도 자주 사용한다. 결론 도출 시에 유용한 역할을 하는 필수 암기 구문이다.

191 ★★★★

주어 is/are less a matter of economic necessity than of taste
(주어)는 경제적 필요성보다는 기호의 문제에 해당한다.

예문 Vegetarianism in the West is less a matter of economic necessity than of taste.

연상단어(5개)

이슈를 경제적인 관점으로 설명하거나 설득할 때 이용하는 표현이다. 서론에서 주의를 환기할 때뿐 아니라 본론이나 결론에서도 자주 사용한다. 결론 도출 시에 유용한 역할을 하는 필수 암기 구문이다.

192 ★★★★★

주어 tend(s) + to 부정사 so that + 절
(주어)는 ～하는 경향이 있어서 ～이다.

예문 Vegetables tend to have a higher water content so that vegetarians automatically take larger quantities of water.

연상단어(5개)

서론에서 주의를 환기할 때뿐 아니라 본론이나 결론에서도 자주 사용한다. 결론 도출 시에 유용한 역할을 하는 필수 암기 구문이다.

193   ★★★★★

There is much to criticize and little to praise in ∼

∼는 비판할 것은 많고 칭찬할 점은 별로 없다.

예문 There is much to criticize and little to praise in the schooling we received.

연상단어(5개)

이슈나 논제에 비판적인 자세를 전제로 하고자 할 때 사용하는 표현이다. 서론에서 주의를 환기할 때뿐 아니라 본론이나 결론에서도 자주 사용한다. 결론도출 시에 유용한 역할을 하는 필수 암기 구문이다.

194   ★★★★★

There are, however, still some lingering doubts as to whether + 절

하지만 ∼의 여부에 대해서는 아직 의문이 완전히 가시지 않고 있다.

예문 There are, however, still some lingering doubts as to whether this new system can replace the old one.

211

연상단어(5개)

이슈에 대해 호기심을 자극하거나 주의를 환기할 때 이용하는 표현이다. 본론이나 결론에서 자주 사용한다. 결론 도출 시에 유용한 역할을 하는 필수 암기 구문이다.

195 ★★★★★

The same rules will apply to ～ and its/their equivalents
똑같은 규칙이 ～ 및 그와 동등한 것에 적용될 것이다.

예문 The same rules will apply to the Nobel prizewinner and their equivalents.

연상단어(5개)

법적 규제나 규칙을 설명할 때 이용하는 표현이다. 서론에서 주의를 환기할 때뿐 아니라 본론이나 결론에서도 자주 사용한다. 결론 도출 시에 유용한 역할을 하는 필수 암기 구문이다.

주어 + 부정동사 + as 형용사(부사) nowadays as 주어 used to
요즘 들어 ~는 과거만큼 ~하지 않다.

예문 People don't work as hard nowadays as they used to.

연상단어(5개)

서론에서 주의를 환기할 때뿐 아니라 본론이나 결론에서도 자주 사용한다. 결론 도출 시에 유용한 역할을 하는 필수 암기 구문이다.

주어 is/are widely practiced and causes little controversy
(주어)는 별 논란을 일으키지 않으면서 폭넓게 행해지고 있다.

예문 Plastic surgery today is widely practiced and causes little controversy.

연상단어(5개)

이슈에 대해 지적하려는 목적으로 이용하는 표현이다. 서론에서 주의를 환기할 때뿐 아니라 본론이나 결론에서도 자주 사용한다. 결론 도출 시에 유용한 역할을 하는 필수 암기 구문이다.

198 ★★★★★

주어 as we know it/them today won't exist in ～
오늘날 우리가 알고 있는 것과 같은 (주어)는 ～에는 존재하지 않을 것이다.

예문   School as we know them today won't exist in the 21st century.

연상단어(5개)

서론에서 주의를 환기할 때뿐 아니라 본론이나 결론에서도 자주 사용한다. 결론 도출 시에 유용한 역할을 하는 필수 암기 구문이다.

199 ★★★★★

주어 differ(s) from ～ in that ＋ 절
(주어)는 ～라는 점에서 ～와는 다르다.

예문 TIME magazine differs from LIFE in that it is more serious.

연상단어(5개)

서론에서 주의를 환기할 때뿐 아니라 본론이나 결론에서도 자주 사용한다. 결론 도출 시에 유용한 역할을 하는 필수 암기 구문이다.

★★★★★

주어, though not ～ in itself, might lead to ～
(주어)는 본질적으로 ～는 아니지만 ～를 초래할 수 있다.

예문 The new system, though not objectionable in itself, might lead to great
concern.

연상단어(5개)

* objectionable 무례한

결론에서도 자주 사용하는 표현이다. 결론 도출 시에 유용한 역할을 하는 필수 암기 구문이다.

주어 is/are something that is of immediate concern to everyone, everywhere

(주어)는 어느 장소, 어느 사람들에게든 즉각적인 관심사이다.

예문   Food is something that is of immediate concern to everyone, everywhere.

연상단어(5개)

서론에서 주의를 환기할 때뿐 아니라 본론이나 결론에서도 자주 사용한다. 결론 도출 시에 유용한 역할을 하는 필수 암기 구문이다.

I still find it difficult to convince ~ that + 절

나는 ~에게 ~를 납득시키기가 여전히 어렵다.

예문   I still find it difficult to convince my friends that studying abroad is not as glamorous as it is thought to be.

연상단어(5개)

* glamorous 매력이 넘치는

개인적인 경험을 근거로 하는 표현이다. 서론에서 주의를 환기할 때뿐 아니라 본론이나 결론에서도 자주 사용한다. 결론 도출 시에 유용한 역할을 하는 필수 암기 구문이다.

203 ★★★★★

I anticipate (that) some new problems will arise as a result of ~
나는 ~의 결과로 몇 가지 새로운 문제들이 일어날 것으로 예상한다.

예문 I anticipate that some new problems will arise as an result of the increasing life span.

연상단어(5개)

다양한 주제에 관한 결과를 언급할 때 이용하는 표현이며 결론에서 자주 사용한다. 결론 도출 시에 유용한 역할을 하는 필수 암기 구문이다.

204 ★★★★★

주어 is/are quite unusual in the sense that + 절
(주어)는 ~라는 의미에서 매우 이례적이나.

예문 The company is quite unusual in the sense that it is owned by its staff.

연상단어(5개)

서론에서 주의를 환기할 때뿐 아니라 본론이나 결론에서도 자주 사용한다. 결론 도출 시에 유용한 역할을 하는 필수 암기 구문이다.

205 ★★★★★

I made a remark to the effect that + 절
나는 ~라는 취지에서 한 마디 언급하였다.

예문 I made a remark to the effect that more people will lose their jobs.

연상단어(5개)

서론에서 주의를 환기할 때뿐 아니라 본론이나 결론에서도 자주 사용한다. 결론 도출 시에 유용한 역할을 하는 필수 암기 구문이다.

I end up + ~ing

나는 결국 ~하고 말았다.

예문 I ended up buying more than I could afford.

연상단어(5개)

개인적 경험을 바탕으로 하는 표현이다. 서론에서 주의를 환기할 때뿐 아니라 본론이나 결론에서도 자주 사용한다. 결론 도출 시에 유용한 역할을 하는 필수 암기 구문이다.

It is not always simple to draw a clear distinction between A and B

A와 B를 명확히 구분하는 것이 항상 간단한 일은 아니다.

예문 It is not always simple to draw a clear distinction between ideal and reality.

연상단어(5개)

서론에서 주의를 환기할 때뿐 아니라 본론이나 결론에서도 자주 사용한다. 결론 도출 시에 유용한 역할을 하는 필수 암기 구문이다.

208 ★★★★★

In most cases the line drawn between A and B is necessarily subjective
대부분 A와 B에 그어진 경계선은 주관적일 수밖에 없다.

예문 In most cases the line drawn between amateur and professional is necessarily subjective.

연상단어(5개)

가치 판단 기준에 대한 논제를 제시할 때 사용하는 표현이다. 서론에서 주의를 환기할 때뿐 아니라 본론이나 결론에서도 자주 사용한다. 결론 도출 시에 유용한 역할을 하는 필수 암기 구문이다.

209 ★★★★★

Anybody who hears the word "A" will probably think of B
"A"라는 말을 들으면 아마 누구든지 B를 생각할 것이다.

예문 Anybody who hears the word "hero" will probably think of the name Napoleon.

연상단어(5개)

이슈에 대해 호기심을 자극하는 표현이다. 서론에서 주의를 환기할 때뿐 아니라 본론이나 결론에서도 자주 사용한다. 결론 도출 시에 유용한 역할을 하는 필수 암기 구문이다.

210 ★★★★★

Strange as it may sound, the fact is that + 절
이상하게 들릴지 모르지만, 사실은 ~이다.

예문 Strange as it may sound, the fact is that "Swan Lake" was not in the least recognized while Tchaikovsky was alive.

연상단어(5개)

단정적 표현 중 하나로 서론에서 주의를 환기할 때뿐 아니라 본론이나 결론에서도 자주 사용한다. 결론 도출 시에 유용한 역할을 하는 필수 암기 구문이다.

★★★★★

Though + 절, 주어, as is often the case, 동사
비록 ~지만, 흔히 그렇듯 ~이다.

예문 Though the scientist himself did not want any publicity, newspaper, as is often the case, began to publicize his discovery.

연상단어(5개)

* publicize 알리다

서론에서 주의를 환기할 때뿐 아니라 본론이나 결론에서도 자주 사용한다. 결론 도출 시에 유용한 역할을 하는 필수 암기 구문이다.

★★★★

주어 boil(s) down to one; ~
(주어)는 한 가지, 즉 ~로 요약된다.

예문 All the proposed solutions now boil down to one; specialization and globalization.

서론에서 주의를 환기할 때뿐 아니라 본론이나 결론에서도 자주 사용한다. 결론 도출 시에 유용한 역할을 하는 필수 암기 구문이다.

213 ★★★★

For one thing 주어 + 동사, and then 주어 + 동사
첫 번째 이유는 ~한 것이고 그 다음은 ~라는 점이다.

예문 For one thing the immigrants have different values, and then many of them do not speak English.

연상단어(5개)

* immigrant 이민자

본론에서 논제를 정리할 때 주로 사용하며 결론에서도 사용할 수 있다. 결론 도출 시에 유용한 역할을 하는 필수 암기 구문이다.

The subjects treated in ～ range from A to B

～에서 다루는 주제의 범위는 A부터 B에 이른다.

예문 The subjects treated in this book range from gardening to mountaineering.

연상단어(5개)

서론에서 주의를 환기할 때뿐 아니라 본론이나 결론에서도 자주 사용한다. 결론 도출 시에 유용한 역할을 하는 필수 암기 구문이다.

It is in the nature of things that + 절

～한 것은 당연한 세상 이치이다.

예문 It is in the nature of things that the best way to achieve success is by doing what we love.

연상단어(5개)

다양한 주제와 관련하여 사용할 수 있는 표현이다. 결론에서 자주 쓰이며 결론 도출 시에 유용한 역할을 하는 필수 암기 구문이다.

216 ★★★★★

The advantages of ~ outweigh the disadvantages
~의 장점은 단점을 압도한다.

예문 The advantages of early education outweigh the disadvantages.

연상단어(5개)

서론에서 주의를 환기할 때뿐 아니라 본론이나 결론에서도 자주 사용한다. 결론 도출 시에 유용한 역할을 하는 필수 암기 구문이다.

217 ★★★★★

On the surface 주어 seem(s) + to 부정사, but in reality 주어 + 동사
표면적으로는 ~가 ~한 것처럼 보이지만 실제로는 ~하다.

예문 On the surface sexism seems to have disappeared, but in reality it still exists.

연상단어(5개)

* sexism 성차별

사실 관계에 대한 가치 판단을 논제로 제시하고자 할 때 이용하는 표현이다. 서론에서 주의를 환기할 때뿐 아니라 본론이나 결론에서도 자주 사용한다. 결론 도출 시에 유용한 역할을 하는 필수 암기 구문이다.

218 ★★★★★

We must consider all the pros and cons of ～

우리는 ～에 대한 모든 찬반 의견을 고려해야만 한다.

예문 We must carefully consider all the pros and cons of local autonomy.

연상단어(5개)

결론에서 자주 사용하는 표현이다. 결론 도출 시에 유용한 역할을 하는 필수 암기 구문이다.

★★★★★

주어 sound(s) good in theory, but I wonder whether it/they will work in practice

(주어)는 이론상으로 그럴듯하게 들리지만, 실행 가능성은 의문이다.

예문 The plan sounds good in theory, but I wonder whether it will work in practice.

연상단어(5개)

서론에서 이슈나 주제를 설정하게 된 이유를 설명할 때 사용하는 표현이다. 결론 도출 시에 유용한 역할을 하는 필수 암기 구문이다.

★★★★★

I will take an example of the recent controversies surrounding ～

～를 둘러싼 최근의 논란을 예로 들어보겠다.

예문 I will take an example of the recent controversies surrounding sexual harrassment.

서론에서 주의를 환기할 때뿐 아니라 본론이나 결론에서도 자주 사용한다. 결론 도출 시에 유용한 역할을 하는 필수 암기 구문이다.

221 ★★★★★

주어 is/are a story about A revealing B
(주어)는 A에 관한 이야기로 B를 잘 들어 내준다.

예문 A folk tale is a story about ordinary people, revealing their beliefs and customs.

연상단어(5개)

* folk tale 설화

위 구문은 개인적인 경험이나 느낌을 바탕으로 하는 표현이다. 이 구문은 어떤 이야기나 기사를 요약해 설명하는 역할을 하는 동시에 독자에게 그 글을 읽어보고 판단해 보라는 숙제를 남긴다. 또한 내가 그 글을 읽고 경험했으니 나를 믿고 이 문제에 관심 가지고 읽어 달라는 메시지를 내포하고 있다. 서론에서 주의를 환기할 때뿐 아니라 본론이나 결론에서도 자주 사용한다. 결론 도출 시에 유용한 역할을 하는 필수 암기 구문이다.

에세이 연습장

주의사항

- 내가 관심 있는 주제를 정해서 쓸 것
- 위 구문들을 활용해 문장을 만들 것
- 연상법과 5 Box 키워드 영작법을 사용해 작성할 것
- 최대 2쪽 내외로 작성할 것
- 작성 후 비슷한 표현법을 이용하여 에세이를 추가로 작성할 것

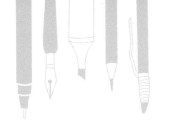

이 책이 세상에 나와 많은 사람에게 읽혀야 할 이유

이 책이 세상에 나와 유명해져야 하는 이유는 크게 세 가지로 요약할 수 있다. 첫 번째는 우리나라 사람의 경우 대부분 영어 에세이에 대한 두려움을 가지고 있는데 이 책이 그 두려움을 없앨 수 있으리라 확신하기 때문이다. 영어 에세이에는 작성하는 사람의 영어 문법에 대한 이해, 창의성, 표현력, 단어 구사 능력, 문장력뿐 아니라 사고능력까지 나타난다. 이처럼 에세이는 종합적인 '사고의 표현'을 요구한다. 따라서 영어권에서 거주했거나 오랫동안 공부한 사람이 아닌 경우 대부분 영어 에세이에 대한 막연한 두려움을 가지고 있다. 이는 영어 에세이와 사람들을 더 멀어지게 하는 치명적인 결함이 된다. 하지만 유학생, 유학 준비생, 직장인 가운데 영어 글쓰기를 해야만 하는 상황에 놓인 사람이 많다. 이 책이 독자들의 영어 작문과 에세이에 대한 두려움을 없애고 자신의 사고를 자유롭게 표현하도록 도울 수 있을 것이다. 그 결과로 많은 독자가 언어적인 요소로 인해 겪는 불이익을 줄일 수 있기를 바라는 바이다.

두 번째는 이미 시중의 출판물과 교재들에서 제시하고 있는 영어 작문 방식이 독자들에게 효율적으로 도움을 주지 못하고 있기 때문이다. 영어 에세이, 영어 자기소개, 학업계획서SOP, Statement of Purpose를 기초부터 다루는 것은 물론이고 제대로 된 영작법을 설명하는 서적 역시 전무하다. 본 서적이 많은 사람에게 읽힌다면 영어 작문 실력을 향상하는 데 보다 실질적이고 현실적인 도움을 얻게 될 것이다. 나아가 영어 에세이는 유학, 해외 대학 편입, 해외 대학원, MBA Master of Business Administration, 외국계 회사에 지원할 때도 결정적인 영향을 미친다. 이 책을 통해 입학과 입사에도 도움을 받을 수 있을 것이다. 그 때문에 필자는 이 책이 하루 빨리 세상에 나와 유학생들이 스스로 본인의 목표와 꿈을 자유롭고 독창적으로 표현할 수 있게 되기를 바란다. 우리나라 학생들과 영어권 국가의 학생들에 비교되고 불이익을 받지 않길 바란다. 직장인들이나 일반인들도 마찬가지이다. 그들 역시 이 책을 통해 영어로 자기 생각을 주장하고 표현할 수 있게 되어 국제 경쟁력을 가진 글로벌 인재로 거듭나길 바란다.

이 책이 넓게 알려져야 할 마지막 이유는 이 책이 현재 우리나라 영어 교육 시스템이 가지고 있는 근본적인 문제점을 인식하고 개선하는 데 일조할 수 있기 때문이다. 우리나라 영어 교육은 현재 4가지 영역(말하기, 쓰기, 듣기, 독해)으로 나눠져 있으나 그 중요도는 제각각 다르다. 그 가운데 '쓰기' 부분에 대한 중요성이 부각된다면 학생들은 어릴 때부터 본인의 생각을 독창적으로 쓸 수 있게 될 것이다. 필자는 이 책이 발간되어 영어 작문의 중요성을 널리 알리고 보다 발전된 영어 교육 시스템이 기획되길 바란다.